Chirag Bansal

D1668611

Direktinvestitionen in Indien:
Steuerrechtliche Konsequenzen von Outboundinvestitionen

Diplomica® Verlag GmbH

Bansal, Chirag: Direktinvestitionen in Indien: Steuerrechtliche Konsequenzen von Outboundinvestitionen, Hamburg, Diplomica Verlag GmbH 2010

ISBN: 978-3-8366-8306-7
Druck: Diplomica® Verlag GmbH, Hamburg, 2010
Covermotiv: © Alois · Fotolia.com
Umschlaggestaltung: Diplomica Verlag

Bibliografische Information der Deutschen Nationalbibliothek:
Die Deutsche Nationalbibliothek verzeichnet diese Publikation in der Deutschen
Nationalbibliografie;
detaillierte bibliografische Daten sind im Internet über http://dnb.d-nb.de abrufbar.

Die digitale Ausgabe (eBook-Ausgabe) dieses Titels trägt die ISBN 978-3-8366-3306-2
und kann über den Handel oder den Verlag bezogen werden.

Inhaltsverzeichnis

Abkürzungsverzeichnis

Abs.	Absatz
All	Allahabad High Court
Art.	Artikel
AP	Andhra Predesh High Court
BB	Betriebs- Berater (Zeitschrift)
BFH	Bundesverfassungshof
BGBl	Bundesgesetzblatt
BIP	Bruttoinlandsprodukt
BNA	Bureau of National Affairs international (Zeitschrift)
BOA	Blocks of Assets
bspw.	beispielsweise
BT-Drs.	Bundestag- Drucksache
Buchst.	Buchstabe
bzw.	beziehungsweise
CA	Companies Act von 1956
CBDT	Central Board of Direct Taxes
CIT	Commissioner of Income- Tax
DBA	Doppelbesteuerungsabkommen
DDT	Dividend Distribution Tax
d.h.	das heißt
DStR	Deutsches Steuerrecht (Zeitschrift)
Erg. Lfg.	Ergänzungslieferung
evtl.	eventuell/- e
f., ff.	folgend, folgende
FA	Finance Act
FBT	Fringe Benefit Tax
gem.	gemäß
GewStG	Gewerbesteuergesetz
Hs.	Halbsatz
INR	Indische Rupien
INTERTAX	INTERTAX (Zeitschrift)
IStR	Internationales Steuerrecht (Zeitschrift)
ITA	Income- Tax Act von 1961
ITR	Income- Tax Rule von 1962
i.V.m.	in Verbindung mit
IWB	Internationale Wirtschaftsbriefe (Zeitschrift)

KStG	Körperschaftsteuergesetz
Ltd.	limited
MAD	Madras High Court
MAT	Minimum Alternate Tax
Mio.	Million
Mrd.	Milliarden
No.	Number (Nummer)
Nr.	Nummer
OECD	Organisation for Economic Cooperation and Development (Organisation für wirtschaftliche Zusammenarbeit und Entwicklung)
OECD-MA	OECD Musterabkommens 2008 zur Vermeidung der Doppelbesteuerung auf dem Gebiet der Steuern vom Einkommen und vom Vermögen.
o.V.	Ohne Verfasser
PIStB	Praxis Internationale Steuerberatung (Zeitschrift)
r.	Rule
Rz	Randziffer
s.	siehe
S.	Seite/ Satz
SC	Supreme court of India
Sec.	Sektion
SEZ	Special Economic Zones
SEZA	Special Economic Zones Act
sog.	so genannte
Unterbuchst.	Unterbuchstabe
USA	United States of America
USD	United State Dollar
v.	von
vgl.	vergleiche
WDV	Written Down Value
WTA	Wealth- Tax Act von 1957
z.B.	zum Beispiel

Tabellenverzeichnis

1 Einleitung

8,8 Prozent durchschnittliches Wirtschaftswachstum! Während in den USA von Rezession die Rede ist, das deutsche Bruttoinlandsprodukt in 2008 nur dank eines starken ersten Quartals noch um 1,7 Prozent wuchs – Tendenz fallend –,[1] expandiert die indische Volkswirtschaft seit fünf Jahren ungebrochen. Im abgelaufenen Haushaltsjahr wuchs im weltweiten Vergleich nur China stärker.[2] Imposant ist auch die Zunahme an ausländischen Direktinvestitionen. Im Vergleich zum Vorjahr verzeichneten sie einen Anstieg um 54 Prozent. Von den knapp 30 Mrd. US-Dollar, die 2007/2008 in die indische Wirtschaft flossen, kamen rund 293 Mio. USD aus Deutschland.[3] Das Motiv der Investoren ist einfach: am rasanten Wirtschaftswachstum Indiens mit einem Markt von über 1.000.000.000 Menschen[4] teilhaben. Die Präsenz vor Ort ist in diesem Zusammenhang ein wichtiger Faktor. Realisieren lässt sich dies entweder durch Gründung einer Tochtergesellschaft oder einer Betriebstätte. Für die Wahl zwischen diesen beiden Formen von Outboundinvestitionen sind vor allem steuerliche Aspekte von Bedeutung.

Insofern besteht das übergeordnete Erkenntnisinteresse dieser Arbeit darin, Gemeinsamkeiten und Unterschiede in der steuerlichen Behandlung von Tochtergesellschaften auf der einen und Betriebstätten auf der anderen Seite herauszuarbeiten. Darüber hinaus werden die Grundprinzipien der Vermögenssteuer und Einkommensteuer in Indien, sowie deren Konsequenzen für eine indische Tochtergesellschaft bzw. Betriebstät-

---

[1] *Bofinger/Franz/Rürup/Weder di Mauro/Wiegard*, Der Sachverständigenrat zur Begutachtung der gesamtwirtschaftlichen Lage: Jahresgutachten 2008/09, November 2008, 3.
[2] O.V., Die Wirtschaft Indiens,
www.auswaertigesamt.de/diplo/de/Laenderinformationen/Indien/Wirtschaft.html, abgerufen am 10.11.2008.
[3] O.V., Beziehungen zwischen Indien und Deutschland,
www.auswaertigesamt.de/diplo/de/Laenderinformationen/Indien/Bilateral.html#t3, abgerufen am 10.11.2008.
[4] *Phadnis-Otto*, IStR 2001, 61, 61.

te, dargestellt.[5] Auch deren Auswirkungen auf der Gesellschaftsebene einer deutschen Kapitalgesellschaft werden betrachtet. Des Weiteren soll auch die Frage nach den gesellschaftsrechtlichen Aspekten kurz beleuchtet werden.

Eine Besonderheit des indischen Steuerrechts besteht darin, dass der Großteil der Regelungen, die für Tochtergesellschaften bindend sind, auch eins zu eins auf Betriebstätten zu übertragen sind.[6] Um dies zu vertiefen, beschäftigt sich Kapitel 2 sowohl mit den Vorschriften, die beide Gesellschaftsformen gleichermaßen betreffen, als auch den für die Tochtergesellschaft spezifischen Sonderfällen. Zur besseren Abgrenzung wird auf die Regelungen, die lediglich auf inländische Gesellschaften Anwendung finden, hingewiesen.[7] Die Darstellung der wenigen, nur für die Betriebstätte geltenden Abweichungen wird dagegen in Kapitel 3 vorgenommen.

Somit werden in Abschnitt 2.1 zunächst die Tochtergesellschaft in Form einer Kapitalgesellschaft vorgestellt und - zum besseren Verständnis - die allgemeinen Grundsätze des Steuersystems kurz erläutert. Wie die Tochtergesellschaft nach indischem Recht definiert ist, wird in Abschnitt 2.2 aufgezeigt. Darauf aufbauend werden die direkten Steuern behandelt, wobei sich diese Arbeit auf die Vermögen- und Einkommensteuer beschränkt. Die Vermögensteuer wird in Abschnitt 2.3 dargestellt. Die Einkommensteuer, die sich nach indischem Steuerrecht in vier Teile untergliedert,[8] bildet den Inhalt von Abschnitt 2.4. Zusätzlich werden die Steuersätze der verschiedenen Einkunftsarten - Einkünfte aus Gewerbebetrieb, Veräußerungsgewinne oder Einkünfte aus sonstigen Quellen - sowie die effektive Steuerbelastung betrachtet. Die Ermittlung der verschiedenen Einkunftsarten wird inklusive ihrer jeweiligen Besonderheiten in den Abschnitten 2.5 bis 2.8 erläutert. In Abschnitt 2.9 wird dann die Ermitt-

---

[5] Neben der Einkommens- und Vermögensteuer, umfassen die direkten Steuern in Indien zudem noch eine Kapitalertragssteuer für Banken und eine Ausgabensteuer für Hotels. *Strauß/Mohan*, in Debatin/Wassermeyer, DBA Kommentar, 1999, Anhang Indien, Rz. 2.

[6] *Kapur/Rawal*, Cahiers de droit fiscal international 2006 (Volume 91b), 387, 411.

[7] *Phadnis-Otto*, IStR 2001, 61, 63.

[8] *Sury*, Fiscal Policy Developments in India 1947 to 2007, 2007, 247.

lung des steuerpflichtigen Einkommens und des Nettoeinkommens anhand eines Rechenbeispiels veranschaulicht. Der nachfolgende Abschnitt befasst sich mit den steuerlichen Folgen aus dem Gewinntransfer einer indischen Tochtergesellschaft an eine deutsche Muttergesellschaft. Den Abschluss von Kapitel 2 bilden ein kurzer Exkurs bezüglich gewisser gesellschaftsrechtlicher Aspekte und ein erstes Zwischenfazit.

Ein erster Abschnitt zu den Besonderheiten in der steuerlichen Behandlung von Betriebstätten leitet dann Kapitel 3 ein. Warum diese nach indischem Recht nicht definiert sind, kommt darin ebenfalls ausführlich zur Sprache.[9] Im Anschluss daran, in Abschnitt 3.2 wird auf die Gewinnermittlung nach dem Doppelbesteuerungsabkommen Deutschland- Indien eingegangen. Im nächsten Abschnitt wird der Bezug zur Einkommensteuer, den unterschiedlichen Steuersätzen der Einkunftsarten und der damit verbundenen effektiven Steuerbelastung hergestellt. Die Abschnitte 3.4 bis 3.6 wiederum haben die Besonderheiten bei der Gewinnermittlung innerhalb der verschiedenen Einkunftsarten sowie bei der Bestimmung des Gesamtgewinns zum Thema. Abschnitt 3.7 befasst sich mit den steuerlichen Folgen, die sich für das deutsches Stammhaus einer indischen Betriebstätte ergeben, wenn erstere Gewinne zu verbuchen hat. Den Abschluss von Kapitel 3 bilden erneut ein Exkurs auf die gesellschaftsrechtlichen Aspekte und ein weiteres Zwischenfazit.

Im vierten Kapitel findet eine Gegenüberstellung der verschiedenen steuerrechtlichen Unterschiede von Tochtergesellschaften bzw. Betriebstätten anhand der Merkmale Gewinn, effektive Steuersätze und Gesamtsteuerbelastung bei den verschiedenen Einkunftsarten und Einkommensteuern statt. Dieser Vergleich erfolgt auf Basis der in Kapitel 2 und 3 ermittelten Grundlagen.

---

[9] Zwar wurde 2001 der Begriff der Betriebsstätte im indischen Steuerrecht eingeführt, jedoch darf diese Definition in Sec.92F(iiia) ITA nur für die Ermittlung von Verrechnungspreisen herangezogen werden. Rawal, Tax Notes International 2004, 1003, 1003; Winkler, Indien, in Mennel/Förster, Steuern in Europa, Amerika und Asien, 2008, Rz. 202. Er ähnelt der Betriebsstättendefinition im OECD-Musterabkommen. *Kapur/Rawal*, Cahiers de droit fiscal international 2006 (Volume 91b), 387, 387f.

Im fünften und letzten Abschnitt werden die gewonnenen Erkenntnisse einer abschließenden Bewertung unterzogen.

2 Steuerliche Belastungen der Tochtergesellschaft

2.1 Rechtsgrundlagen in Indien

Die Körperschaftsteuer basiert in Indien auf dem „Income Tax Act" von 1961. Dieser wird jedes Jahr durch den Haushaltsentwurf, den sogenannten „Finance Act", abgeändert und ergänzt.[10] Er wird im Zusammenhang mit dem „India Budget" veröffentlicht. [11]

Zudem kennt das indische Steuersystem die „Income- tax Rule" von 1962 die den deutschen Steuerrichtlinien in ihrer Funktionsweise entspricht und vom „Central Board of Direct Taxes"[12] herausgegeben wird.[13] Neben der Körperschaftsteuer müssen Unternehmen in Indien zusätzlich noch eine Vermögensteuer nach dem „Wealth- Tax Act" von 1957 abführen. Die Grundlage für das Unternehmensrecht bildet der " Companies Act" von 1956.[14]

Nach Sec. 4 (1) ITA beginnt das Steuerjahr in Indien am 1. April und endet am 31. März.[15] Demnach fällt das Steuerjahr mit dem Veranlagungsjahr zusammen. Das bedeutet, dass die Steuer in der laufenden Periode veranlagt und fällig wird. Allerdings ist die Bemessungsgrundlage für die Steuer das Einkommen der Vorperiode.[16] Laut Sec. 139 (1) ITA muss jedes Unternehmen bis zum 31. Oktober eines Steuerjahres seine Steuererklärung einreichen. Überschreitet die erwartete Steuerschuld den Betrag von 1.500 indische Rupien,[17] ist der Steuerpflichtige gemäß Sec. 208 ITA verpflichtet Steuervorauszahlungen zu

---

[10] *Jackson*, Tax Notes International 2008, 40, 40; Schmitz- Bauerdick, Steuerrecht Indien, www.bfai.de/DE/Navigation/Metanavigation/Suche/*SucheUebergreifendGT*.html, abgerufen am 20.09.2008; Winkler, Indien, in Mennel/Förster, Steuern in Europa, Amerika und Asien, 2008, Rz. 1; *Kamath*, Tax Notes International 2006, 760, 760ff.

[11] *Sury*, Fiscal Policy Developments in India 1947 to 2007, 2007, 189; *Winkler*, Indien, in Mennel/Förster, Steuern in Europa, Amerika und Asien, 2008, Rz. 7.

[12] Sie ist zuständige Bundesbehörde für direkte Steuern. *Ernst&Young India*, Tax and Business Guide: Doing Business in India, 2005, 103.

[13] *Ernst&Young*, Steuern Transparent – Steuern in Indien, 2007, 13.

[14] *Ernst&Young India*, Tax and Business Guide: Doing Business in India, 2005, 98.

[15] *Strauß/Mohan*, in Debatin/Wassermeyer, DBA Kommentar, 1999, Anhang Indien, Rz. 14; *Govind*, IN- TERTAX 2006, 423, 423; Govind, INTERTAX 1999, 423, 423, Govind, INTERTAX 1999, 376, 376.

[16] *Huynh-Ngoc*, Steuerplanung bei Wirtschaftsaktivitäten deutscher Unternehmen in Indien, 2000, 84; *Price waterhouseCoopers*, India Master Tax Guide, 2007, 17; So sind zum Beispiel die Einkünfte von 1.04.2006 bis zum 31.03.2007 das relevante Einkommen für die Besteuerung im Veranlagungsjahr 2007-2008. *Strauß/Mohan*, in Debatin/Wassermeyer, DBA Kommentar, 1999, Anhang Indien, Rz. 14ff. *Winkler*, Indien, in Mennel/Förster, Steuern in Europa, Amerika und Asien, 2008, Rz. 181; *Govind*, IStR 1999, 103, 103.

[17] Der Wechselkurs ist zirka 1€ gleich 50 INR. O.V., Euro- Indische Rupie- Kurs, www.finanzen.net/devisen/euro-indische_rupie- kurs, abgerufen am 10.11.2008.

leisten. So muss auf Basis dieser Erwartungen nach Sec. 211 (1) (a) ITA quartalweise eine Vorauszahlung erfolgen. Entsprechend diesem Paragraphen sind:

- bis zum 15 Juni mindestens 15% ,

- bis zum 15 September mindestens 40% ,

- bis zum 15. Dezember mindestens 70 % ,

- und bis zum 15. März die restlichen 30% der Steuerschuld zu begleichen.[18]

Werden diese Fristen nicht eingehalten, wird laut Sec. 234 (1) ITA ein Strafzins von 1,5 Prozent pro Monat auf den ausstehenden Betrag erhoben. Dieser ist vom Steuerpflichtigen zu entrichten.

Beträgt die Vorauszahlung der Steuerschuld nicht mindestens 90 % der Steuerschuld, sind gemäß Sec. 234 B ITA Verzugszinsen in Höhe von 2 % pro Monat zu zahlen.[19]

2.2 Definition der Tochtergesellschaft

Die Tochtergesellschaft wird vom Gesetzgeber in Indien als separate Rechtsperson angesehen und als eigenständiges Steuersubjekt besteuert.[20] Sie gilt im indischen Steuerrecht als eine Inländische Gesellschaft. In Sec.2 (22A) ITA ist eine Inländische Gesellschaft definiert als eine indische Gesellschaft oder eine Gesellschaft die sich verpflichtet hat, ihre erzielten Gewinne nach ITA als Dividende in Indien auszuschütten.[21] Nach Sec. 2 (26) CA ist ein indisches Unternehmen dann rechtsgültig, wenn es erstens nach Vorschriften des CA gegründet

---

[18] *Misra*, Cahiers de droit fiscal international 1998 (Volume LXXXIIIb), 401, 407.
[19] *Strauß/Mohan*, in Debatin/Wassermeyer, DBA Kommentar, 1999, Anhang Indien, Rz. 44.
[20] *Goyal/Ostwal*, Cahiers de droit fiscal international 2006 (Volume 91a), 297, 297.
[21] *Schmitz- Bauerdick*, Steuerrecht Indien,
www.bfai.de/DE/Navigation/Metanavigation/Suche/SucheUebergreifendGT.html, abgerufen am 20.09.2008; *Goyal/Ostwal*, Cahiers de droit fiscal international 2006 (Volume 91a), 297, 297. Da dies auf freiwilliger Basis geschieht, kann sich eine Betriebsstätte auf Antrag beim CBDT steuerlich unter gewissen Voraussetzungen wie eine inländische Gesellschaft behandeln lassen. *Govind*, IStR 1995, 423, 423.; *Ossola-Haring/Ruh*, Wachstumsmarkt Indien: Das Investitionshandbuch für Unternehmen und deren Berater, 2008; *Rao/Nayak*, Tax Notes International 2004, 713, 713ff.; *Kamath*, Tax Notes International 2004, 454, 454f.

wurde und zweitens seinen registrierten Sitz oder den Ort der Geschäftsleitung in Indien hat.[22] Die Geschäftsleitung ist dort angesiedelt, wo die Sitzungen des Vorstandes und die Hauptversammlung des Unternehmens abgehalten werden.[23] In Sec. 6 (3) ITA wird die Ansässigkeit einer Gesellschaft definiert. Dafür muss es sich gemäß Sec. 6 (3) ITA entweder (i) um eine indische Gesellschaft handeln oder die Kontrolle über das Unternehmen muss (ii) während der Vorperiode in Indien gelegen haben.[24]Die Unternehmensführung einer Gesellschaft ist dort, wo die Vorstandsitzungen abgehalten werden.[25] Die Kriterien von Sec. 6 (3) ITA treffen auf die Inländische Gesellschaft zu. Somit gilt sie in Indien als ansässig. Solche Unternehmen unterliegen gemäß Sec. 5 (1) ITA der unbeschränkten Steuerpflicht. So müssen sie gemäß Sec. 5 (1) ITA die folgenden Einkünfte besteuern, wenn diese:

(a) in Indien empfangen werden oder als in Indien empfangen gelten,

(b) in Indien entstanden bzw. aufgelaufen sind oder sie in Indien als entstanden bzw. aufgelaufen angenommen werden oder

(c) außerhalb von Indien entstanden sind bzw. als aufgelaufen gelten.[26]

Das hat zur Folge, dass ihr gesamtes Welteinkommen der Besteuerung unterliegt.[27] Zudem wird für die Bemessungsgrundlage der Vermögensteuer ihr weltweites Vermögen laut Sec. 6 WTA berücksichtigt.[28]

2.3 Vermögensteuer

Neben natürlichen Personen müssen auch Körperschaften laut Sec. 3 (1) WTA in Indien eine Vermögensteuer abführen. Nach Berücksichtigung des Freibetra-

---

[22] *Plett/Welling*, in IWB 1985, Fach 6, Joint-Venture-Besteuerung, Gruppe 2, 31, 31; *Strauß/Mohan*, in Debatin/Wassermeyer, DBA Kommentar, 1999, Anhang Indien, Rz. 26.

[23] *Huynh-Ngoc*, Steuerplanung bei Wirtschaftsaktivitäten deutscher Unternehmen in Indien, 2000, 89.

[24] *Misra*, Cahiers de droit fiscal international 1998 (Volume LXXXIIIb), 401, 403; *PricewaterhouseCoopers*, India Master Tax Guide, 2007, 41.

[25] *Mane*, Tax Notes International 2007, 456, 457f.

[26] *Sury*, Fiscal Policy Developments in India 1947 to 2007, 2007, 190.

[27] *Rao*, Tax Notes International 2008, 75, 76; *Ernst&Young India*, Tax and Business Guide: Doing Business in India, 2005, 107.

[28] *Winkler*, Indien, in Mennel/Förster, Steuern in Europa, Amerika und Asien, 2008, Rz. 26; *Sury*, Fiscal Policy Developments in India 1947 to 2007, 2007, 236.

ges von 1.500.000 INR wird laut Sec. 3 (2) WTA das Nettovermögen von Gesellschaften im Veranlagungsjahr mit 1 % besteuert.[29] Für die Berechnung des Nettovermögens im Sinne von Sec. 2 (m) WTA müssen bei den einzelnen Vermögenswerten die Schulden am Bewertungsstichtag abgezogen werden. Dabei wird der Wert des Besitzes am letzten Tag des vorigen Veranlagungsjahres ermittelt.[30] Dieser muss dem Marktwert entsprechen, der gemäß den Bestimmungen von Sec. 7 WTA zu ermitteln ist.[31] Nur wenige unproduktive Vermögenswerte, die in Sec.2 (e) WTA aufgelistet sind, werden für die Ermittlung des Nettovermögens bei Körperschaften berücksichtigt.[32] Dazu gehören Gästehäuser und städtische Grundstücke von Gesellschaften.[33]

2.4 Einkommensteuer

2.4.1 Begriffbestimmung

Nach Sec. 4 Abs. 1 ITA sind alle Personen in einem Steuerjahr mit ihrem Gesamteinkommen nach dem ITA in Indien steuerpflichtig. Laut Sec. 2 (31) ITA umfasst der Begriff „Personen" neben (i) natürlichen Personen insbesondere auch (iii) Unternehmen.[34] Hierdurch fällt die Tochtergesellschaft unter die Einkommensteuer in Indien. Das indische Steuerrecht kennt keine Definition des Einkommensbegriffes. So werden die aufaddierten Gewinne aus den fünf Einkunftsarten als das relevante Einkommen besteuert.[35] Die Einkunftsarten lassen sich gemäß Sec.14 ITA gliedern in:

A. Löhne und Gehälter.

B. Aufgehoben.

C. Einkünfte aus Hauseigentum.

---

[29] *Govind*, IStR 1997, 652, 653; *Ernst&Young India*, Tax and Business Guide: Doing Business in India, 2005, 107. *Lavrelashvili*, PIStB 6/2007, 163, 164.
[30] Zum Beispiel wurde der Vermögenswert für das Veranlagungsjahr 2008-2009 am 31.03.2008 berechnet.
[31] *Strauß/Mohan*, in Debatin/Wassermeyer, DBA Kommentar, 1999, Anhang Indien, Rz. 64.
[32] *Strauß*, in Debatin/Wassermeyer, DBA- Kommentar, 1999, Artikel 2 Indien, Rz. 14.
[33] *Ossola- Haring/Ruh*, Wachstumsmarkt Indien: Das Investitionshandbuch für Unternehmen und deren Berater, 2008, 196.
[34] *Bhargava*, Tax Notes International 2004, 825, 825f.; *Jain/Daruwala*, BNA International 2006, 16, 16.
[35] *Govind*, IStR, 1995, 423, 424.

D. Einkünfte aus einem Gewerbebetrieb.

E. Veräußerungsgewinne.

F. Einkünfte aus sonstigen Quellen.[36]

Grundsätzlich gilt, dass Körperschaften nicht unter die Einkunftsart Löhne und Gehälter fallen.[37] Sie werden in diesem Zusammenhang nur erwähnt, weil Indien keine separate Körperschaftsbesteuerung kennt.[38] In der Einkunftsart Einkünfte aus Hauseigentum werden nach Sec. 22 ITA nur potentielle Einkünfte aus selbstgenutztem Immobilieneigentum besteuert.[39] Jedoch werden Immobilien die betrieblich genutzt werden, von der Besteuerung ausgenommen.[40] Erzielt die Tochtergesellschaft Einkünfte aus Vermietung von Immobilien, so werden diese unter der Einkunftsart Einkünfte aus Gewerbebetrieb besteuert.[41] Damit kann unter Annahme, dass die im Besitz befindlichen Immobilien von einer Tochtergesellschaft nicht privat genutzt werden, davon ausgegangen werden, dass sie nicht in dieser Einkunftsart besteuert wird.[42] Die Tochtergesellschaft muss abhängig von der Quelle der Einkünfte ihre Gewinne unter den übrigen drei Einkunftsarten versteuern. Diese unterscheiden sich unter anderem bei der Einkommensermittlung, bei den abziehbaren Ausgaben und bei bestimmten Ausnahmeregelungen für die Besteuerung.[43] Grundsätzlich gilt, dass Einkünfte, die einer Einkunftsart zugeordnet werden, nicht in anderen Einkunftsarten besteuert werden können. Das Gesamteinkommen ergibt sich bei der Tochtergesellschaft aus der Gesamtsumme der einzelnen Einkunftsarten nach dem vertikalen bzw. horizontalen Verlustabzug und dem Verlustvortrag.[44] Zieht man vom Gesmeinkommen die Sonderausgaben ab, erhält man das steuerpflichtige Einkommen.[45]

---

[36] *Strauß/Mohan*, in Debatin/Wassermeyer, DBA Kommentar, 1999, Anhang Indien, Rz. 27.
[37] *Sury*, Fiscal Policy Developments in India 1947 to 2007, 2007, 225.
[38] *Jain/Daruwala*, BNA International 2006, 16, 16.
[39] *Winkler*, Indien, in Mennel/Förster, Steuern in Europa, Amerika und Asien, 2008, Rz. 100ff. *PricewaterhouseCoopers*, India Master Tax Guide, 2007, 95. Die Betriebstatte kann solche Einkünfte in Indien nicht erzielen. *Lavrelashvili*, PIStB 6/2007, 163, 163.
[40] *Sury*, Fiscal Policy Developments in India 1947 to 2007, 2007, 193.
[41] *PricewaterhouseCoopers*, India Master Tax Guide, 2007, 95.
[42] *Sury*, Fiscal Policy Developments in India 1947 to 2007, 2007, 193.
[43] *PricewaterhouseCoopers*, India Master Tax Guide, 2007, 17.
[44] *Winkler*, Indien, in Mennel/Förster, Steuern in Europa, Amerika und Asien, 2008, Rz. 24.
[45] *Sury*, Fiscal Policy Developments in India 1947 to 2007, 2007, 197ff.

Neben der Veranlagung unter den Einkunftsarten fällt eine inländische Gesellschaft unter weitere Einkommensteuerarten. So muss die Tochtergesellschaft eine Ausgabensteuer - die sog. „Fringe Benefit Tax" -, eine Mindeststeuer - die sog. „Mininmum Alternate Tax" - und eine Ausschüttungssteuer - die sog. „Dividend Distribution Tax" - zahlen.[46]

2.4.2 Einkommensteuersätze der Einkunftsarten

Nach indischem Steuerrecht variiert der Steuersatz zwischen den Einkunftsarten.[47] Diese Steuersätze stehen nicht im Gesetz, sondern werden durch den jährlichen „Finance Act" gemäß Sec. 294 ITA vorgegeben.[48] Der Einkommensteuersatz beträgt nach dem „Finance Act" von 2008 für eine Tochtergesellschaft 30%.[49] Außer für die Besteuerung von langfristigen Veräußerungsgewinnen gilt dieser Steuersatz für alle Einkünfte einer Tochtergesellschaft. Das betrifft die Einkünfte aus Gewerbebetrieb, die kurzfristigen Veräußerungsgewinne und die Einkünfte aus sonstigen Quellen. Bei langfristigen Veräußerungsgewinnen erhebt der Gesetzgeber einen Einkommensteuersatz von 20% für die Tochtergesellschaft. Eine Ausnahmeregelung besteht bei den Steuersätzen für Veräußerungsgewinne aus Wertpapieren, die einer Börsenumsatzsteuer unterliegen. Diese sogenannte „Securities Transaction Tax" wird bei allen Wertpapieren fällig, die an einer anerkannten indischen Börse gehandelt werden. Hier beträgt der Steuersatz für kurzfristige Veräußerungsgewinne 15%,[50] langfristige Veräußerungsgewinne werden dagegen von der Steuer befreit.[51]

2.4.3 „Fringe Benefit Tax"

Die „Fringe Benefit Tax" ist ein Teil der Einkommensteuer. Sie muss von der Tochtergesellschaft gemäß Sec. 115 W (a) (i) ITA für gewisse Gehalts- und

---

[46] *PricewaterhouseCoopers*, India Master Tax Guide, 2007, 421ff.
[47] *Ernst&Young*, The 2008 worldwide corporate tax guide, 2008, 379ff.
[48] *PricewaterhouseCoopers*, India Master Tax Guide, 2007, 20.
[49] *Ernst&Young*, The 2008 worldwide corporate tax guide, 2008, 382.
[50] Dieser Steuersatz wurde für das Steuerjahr 2008-2009 von 10% auf 15% angehoben. Vgl. *Jackson*, International Tax Notes 2008, 850, 851.
[51] *Reddy*, BNA International 2007, 14, 15; *Ernst&Young*, The 2008 worldwide corporate tax guide, 2008, 382.

Lohnnebenleistungen bezahlt werden, welche sie ihren Arbeitnehmern gewährt. Im Steuerjahr 2005/2006 wurde die FBT eingeführt, da zuvor jene Nebenleistungen größtenteils von der Steuer absetzbar waren. Dies hatte zur Folge, dass viele Aufwendungen unerlaubterweise als „fringe benefits" klassifiziert wurden.[52] Für diese Ausgabensteuer ist es nicht relevant, ob diese Aufwendungen in oder außerhalb Indiens anfallen, solange sie mit den Geschäftätigkeiten der Tochtergesellschaft in Indien zusammenhängen.[53] Der Steuersatz beträgt nach dem „Finance Act" bei Tochtergesellschaften 30% und wird auf die anzusetzenden Werte der Ausgaben erhoben. Diese Zusatzleistungen vom Arbeitgeber an dessen Arbeitnehmer können nach Sec. 115 WB ITA in die Kategorien tatsächliche Gehalts- und Lohnnebenleistungen sowie entstandene Gehalts- und Lohnnebenleistungen eingeteilt werden. Die Aufwendungen für tatsächliche „fringe benefits" umfassen nach Sec. 115 (1) WB ITA:[54]

a) alle Ausgaben, die direkt oder indirekt für die Gewährung von jeder Art von Privilegien, Leistungen oder Annehmlichkeiten an Arbeitnehmer oder ehemalige Arbeitnehmer anfallen,

b) freie oder vergünstigte Tickets für private Reisen von Arbeitnehmern und ihren Familienangehörigen,

c) Beiträge an Pensionskassen von Körperschaften für ihre Arbeitnehmer, die 100.000 INR[55] im Jahr übersteigen,

d) die Zuteilung von bestimmen Wertpapieroptionen[56] an Arbeitnehmer oder an ehemalige Arbeitnehmer.[57]

Diese Aufwendungen werden zum Zwecke der Besteuerung in vollem Umfang angesetzt. Unter die Kategorie entstandene Gehalts- und Lohnnebenleistungen fallen Aufwendungen, die im normalen Geschäftsbetrieb für Arbeitnehmer anfallen. Sie sind abhängig von der Aufwendungsart mit unterschiedlicher Höhe

---

[52] *Sury*, Fiscal Policy Developments in India 1947 to 2007, 2007, 220ff.
[53] *PricewaterhouseCoopers*, India Master Tax Guide, 2007, 455ff.
[54] *Govind*, INTERTAX 2006, 423, 433f.
[55] Dieser Freibetrag ist durch Sec.115(b)(1) ITA bestimmt. Vgl. *Govind*, INTERTAX 2006, 423, 434.
[56] Die FBT wird erst fällig, wenn die Option durch den Mitarbeiter ausgeübt wird. Der Bewertung der Wertpapiere erfolgt nach dem „fair market value". Vgl. *Ernst&Young*, Steuern Transparent – Steuern in Indien, 2007, 19; *Winkler*, Indien, in Mennel/Förster, Steuern in Europa, Amerika und Asien, 2008, Rz. 127. Diese Regelung ist neu für Veranlagungsjahr 2008-2009 aufgenommen worden; *Jackson*, International Tax Notes 2008, 850, 851.
[57] *PricewaterhouseCoopers*, India Master Tax Guide, 2007, 458.

der Kosten anzusetzen.[58] Bei diesen „fringe benefit" handelt es sich unter anderem um Ausgaben gemäß Sec. 115 (2) WB:

- (A) für die Unterhaltung; (B) für die Bewirtung am Arbeitsplatz (soweit nicht steuerfrei); (C) für Konferenzen ohne Registrierungsgebühren; (D) für die Verkaufsprovision ohne Werbung; (E) für die Gesundheitsvorsorge; (F) für Annehmlichkeiten; (G) für Übernachtungskosten;(I) für den Unterhalt und Instandhaltung von Geschäftswagen inklusive deren Abschreibungen;(J) für die Telefonnutzung. Diese Aufwendungen sind laut dem FA von 2008 mit 20 % der Kosten anzusetzen.

- (L) für Festlichkeiten,; (O) für Geschenke und (P) für Stipendien von Angehörigen der Arbeitnehmer. Sie sind nach dem FA von 2008 mit 50 % anzusetzen.

- (Q) für in- und ausländische Reisen. Sie sind mit 5% der Aufwendungen nach dem FA 2008 anzusetzen.[59]

Grundsätzlich ist zu beachten, dass Personal- und Kapitalkosten nicht unter die FBT fallen. Die Personalkosten sind abzuziehen, weil die Mitarbeiter als Verursacher dieser Kosten selbst mit ihrem Einkommen steuerpflichtig sind. Kapitalkosten können gemäß Sec.37 (1) ITA nicht in Indien abgesetzt werden.[60] Sie sind von den Ausgaben für „fringe benefit" abzuziehen. Anhand eines Beispieles soll die Besteuerungsweise von entstandenen Gehalts- und Lohnnebenleistungen verdeutlicht werden:[61]

Ein Arbeitnehmer übernachtet berufsbedingt für 1000 INR in einem Hotel. Daher muss sein Arbeitgeber 200 INR mit einem Steuersatz von 30 % besteuern. Hieraus ergeben sich für das Unternehmen Steuern in Höhe von 60 INR.

---

[58] *Govind*, INTERTAX 2006, 423, 433f.
[59] *Ernst&Young*, Steuern Transparent – Steuern in Indien, 2007, 23.
[60] *PricewaterhouseCoopers*, India Master Tax Guide, 2007, 463.
[61] *PricewaterhouseCoopers*, India Master Tax Guide, 2007, 458ff.

2.4.4 „Minimum Alternate Tax"

In Indien muss die Tochtergesellschaft unter bestimmten Umständen eine MAT abführen.[62] Die Intention des Gesetzgebers für die Einführung dieser Steuer im Veranlagungsjahr 1996-1997 war es, es Unternehmen zu erschweren, ihren steuerpflichtigen Gewinn auf Null herunterzurechnen, obwohl sie zum gleichen Zeitpunkt hohe Buchgewinne aufweisen konnten. Dies gelang den Körperschaften, weil siehe mehrere steuerlich vorteilhafte Vorschriften gleichzeitig ausnutzen konnten.[63]

Die MAT wird nach Sec. 115 JB (1) ITA nur erhoben, wenn die errechnete Einkommensteuerschuld geringer ausfällt als 10% der Buchgewinne. In diesem Fall werden 10% der Buchgewinne besteuert.[64] Der Buchgewinn einer Körperschaft ist in Sec. 115 JB (2) ITA definiert. Laut diesem Paragraph wird er nach der Aufstellung eines Gewinn und Verlustkontos gemäß den Regeln des Sec. 349 CA in einem Veranlagungsjahr als Nettogewinn ermittelt. In Erklärung 1 zu Sec. 115 JB (2) ITA ist vom Gesetzgeber festgelegt, dass beim Nettogewinn gewisse Posten addiert bzw. subtrahiert werden. So ist er laut Sec. 115 JB (2) ITA unter anderem um die folgenden Beträge zu erhöhen:

- die gezahlte oder nach dem ITA zu zahlende Einkommensteuer, ohne Berücksichtigung der Vermögensteuer[65] und FBT[66],

- Beträge die in Rücklagen geflossen sind,

- ausgeschüttete Dividenden bei der Tochtergesellschaft,

- Abschreibungen die auf die Neubewertung des Vermögens zurückzuführen sind und

- Aufwendungen, wenn diese mit Erträgen zusammenhängen, die nach den Vorraussetzungen der Paragraphen Sec.10 A ITA und Sec. 10B

---

[62] *Grotherr*, in IWB 1997, Fach 6, Doppelbesteuerung - Deutsch-indische Geschäftsbeziehnugen auf der Grundlage des neuen DBA, Gruppe 2, 59, 63.
[63] *Sury*, Fiscal Policy Developments in India 1947 to 2007, 2007, 210ff.
[64] *Ernst&Young*, The 2008 worldwide corporate tax guide, 2008, 380f.; *Winkler*, Indien, in Mennel/Förster, Steuern in Europa, Amerika und Asien, 2008, Rz. 234.
[65] CIT v. Echjay Forgings (P) Ltd. (2001) 251 ITR 15 (Bom).
[66] Circular No 8/2005, dated 29 August 2005.

ITA steuerfrei sind oder wenn diese mit steuerbefreiten langfristigen Veräußerungsgewinnen verbunden sind.[67]

Nach Sec. 115 JB (2) ITA ist der Nettogewinn beispielsweise um aufgelöste Rücklagen und Rückstellungen, vorgetragene Verluste nach Sec. 72 ITA, nicht ausgenutzte Abschreibungen nach Sec. 32 (2) ITA und um steuerbefreite Einkünfte zu senken.[68] Körperschaften die eine MAT abführen müssen, haben die Möglichkeit nach Sec. 115 JAA ITA den Steuerbetrag für 7 Jahre vorzutragen. Dieser Betrag kann mit der Einkommensteuer auf das Gesamteinkommen in dieser Zeit angerechnet werden.[69] Die vortragbare Steuerschuld ist auf die Differenz zwischen MAT und der ansonsten für das jeweilige Steuerjahr anfallenden Einkommensteuer beschränkt. Die Berechnungsweise soll anhand der folgenden Tabelle erläutert werden:[70]

Tabelle 1: Berechnungsbeispiel für die Minimum Alternate Tax

Tochtergesellschaft	A	B
Steuerpflichtiges Einkommen nach ITA	100.000 INR	150.000 INR
Steuersatz	30,00%	30,00%
Einkommenstuer (A)	30000 INR	45.000 INR
Buchgewinne	350.000 INR	350.000 INR
10% von Buchgewinne (B)	35.000 INR	35.000 INR
MAT (wenn (A) < (B))	Ja	Nein
Steuerpflicht	35.000 INR	45.000 INR
vortragbarer Gewinn	5.000 INR	0

Quelle: PWC, India Master Tax Guide.

In der Tabelle 1 „Berechnungsbeispiel für die Minimum Alternate Tax" werden die Tochtergesellschaften A und B miteinander verglichen. Hierbei weisen beide zwar den gleichen Buchgewinn von 350.000 INR auf. Aufgrund der Gesetze des ITA für die Bestimmung der steuerpflichtigen Einkünfte müsste die Tochtergesellschaft A aber 50.000 INR weniger besteuern als die Tochtergesellschaft B. Da jedoch bei dieser die errechnete Steuerschuld niedriger ist als 10% ihrer

---

[67] *PricewaterhouseCoopers*, India Master Tax Guide, 2007, 423ff.
[68] *Ernst&Young*, The 2008 worldwide corporate tax guide, 2008, 381.
[69] Vgl. Abschnitt 2.9.
[70] *PricewaterhouseCoopers*, India Master Tax Guide, 2007, 427.

Buchgewinne, fällt sie im Gegensatz zur Tochtergesellschaft B unter die MAT nach Sec. 115 JB (1) ITA. Sie kann 5.000 INR für 7 Jahre vortragen.

2.4.5 „Dividend Distribution Tax"

Gemäß Sec. 115- O (1) ITA werden ausschließlich Inländische Gesellschaften unter dieser Steuer veranlagt.[71] Tochtergesellschaften können ihre Gewinne nur in Form von Dividenden an ihre Mutergesellschaft übertragen. In Sec. 115- O ITA ist festgelegt, dass die Tochtergesellschaft im Falle einer Ausschüttung von Gewinnen neben der Einkommensteuer zusätzlich noch eine DDT abführen muss.[72] Bei der Steuer handelt es sich grundsätzlich um eine Gesellschaftsteuer und nicht um eine Gesellschaftersteuer, d.h. dass sie von der Tochtergesellschaft zu zahlen ist.[73]Die DDT wird nach Sec. 115-O ITA auf der Ebene der Gesellschaft besteuert und nach Sec. 10 (34) ITA auf Empfängerebene in Indien von der Besteuerung freigestellt.[74]

Diese Steuer wird auf den Nachsteuergewinn erhoben. Vor dem Transfer von Profiten ist zu berücksichtigen, dass inländische Gesellschaften nach dem Sec. 205(2A) CA 10% des besteuerten Gewinnes zwingend in eine Rücklage überführen müssen.[75] Aus diesem Grund ist nur ein Teil vom Nachsteuergewinn einer Tochtergesellschaft in Indien ausschüttungsfähig. Dabei werden gemäß Sec. 115-O ITA grundsätzlich alle nach Deutschland übertragenen Gewinne besteuert, unabhängig davon, ob es sich um laufende oder kumulierte Gewinne handelt und ob zuvor eine Einkommensteuer auf den Gewinn fällig wurde. Daraus folgt, dass langfristige Veräußerungsgewinne von Tochtergesellschaften aus dem Wertpapierhandel unter die DDT fallen.[76] Die DDT wird außerdem erhoben, wenn die Tochtergesellschaft ihr Kapitalvermögen, eigene Aktien oder

---

[71] *Sinha*, Tax Notes International, 2004, 1407, 1409.
[72] *PricewaterhouseCoopers*, India Master Tax Guide, 2007, 428.
[73] *Lavrelashvili*, PIStB 6/2007, 163, 167.
[74] *Reddy*, BNA International 2007, 14, 15.
[75] *Rajaram/Baxi*, BNA International 2007, 15, 15.
[76] Vgl. Abschnitt 2.4.2.

den Erlös aus ihrer Liquidation an die Muttergesellschaft transferiert.[77] Schüttet ein Unternehmen zuvor empfangene Dividenden von einer inländischen Gesellschaft aus, fallen diese unter die DDT. Bei einem mehrstufigen indischen Unternehmen führt das Weiterausschütten von Dividenden einer Enkelgesellschaft zu einem Kaskadeneffekt.[78] Der Grund hierfür das ist, dass Sec. 10 (34) ITA nur selbst erhaltene Dividenden von der Besteuerung ausnimmt. Die DDT erfasst aber die kumulierten Dividenden von Tochtergesellschaft und Enkelgesellschaft bei einer Weiterausschüttung durch die Tochtergesellschaft an eine deutsche Zwischenholding in Indien.[79] Der Steuersatz beträgt nach dem „Finance Act" von 2008 15%.[80]

2.4.6 Effektive Steuersätze

Um die effektiven Steuersätze von Tochtergesellschaften in Indien ermitteln zu können, muss berücksichtigt werden, dass sowohl bei den Einkunftsarten als auch bei den FBT, MAT und DDT ein Zuschlag erhoben wird. Bei einer ansässigen Gesellschaft beträgt der Zuschlag 10%.[81] Grundsätzlich wird er bei der FBT und der DDT immer erhoben. Bei den Einkunftsarten und bei der MAT wird der Zuschlag nur berücksichtigt, wenn der Gewinn über 10 Millionen INR liegt.[82] Zusätzlich wird noch eine Ausbildungszulage von 3% fällig.[83] Sie wird auf die gleiche Weise wie der Solidaritätszuschlag in Deutschland ermittelt. So wird der Zuschlag auf die Summe von Einkommensteuer und Zuschlag erhoben. [84]

Unter Berücksichtigung von Zuschlag und Ausbildungszulage ergeben sich nach dem „Finance Act" von 2008 folgende effektive Steuersätze:

---

[77] *Ossola- Haring/Ruh*, Wachstumsmarkt Indien: Das Investitionshandbuch für Unternehmen und deren Berater, 2008, 179.
[78] *Chopra/Nayak*, Cahiers de droit fiscal international 2003 (Volume LXXXVIIIa), 459, 462; *PricewaterhouseCoopers*, India Master Tax Guide, 2007, 431ff.
[79] *Sury*, Fiscal Policy Developments in India 1947 to 2007, 2007, 212.
[80] Dieser wurde für das laufende Veranlagungsjahr von 12,5% auf 15% erhöht.
[81] *Jackson*, International Tax Notes 2008, 850, 850.
[82] *Jain/Daruwala*, BNA International 2006, 16, 19.
[83] *Rajaram/Baxi*, BNA International 2007, 15, 15.
[84] *Ernst&Young*, Steuern Transparent – Steuern in Indien, 2007, 31; *Lavrelashvili*, PIStB 6/2007, 163, 165.

- Einkünfte aus Gewerbebetrieb, die kurzfristigen Veräußerungsgewinne und die Einkünfte aus sonstigen Quellen bei Gewinnen bis 10 Mio. NR werden mit 30,9%[85] und bei Gewinnen über 10 Mio. INR mit 33,99%[86] besteuert.

- Die langfristigen Veräußerungsgewinne werden mit 20,6% bei Gewinnen bis 10 Mio. INR und mit 22,66% bei Gewinnen über 10 Mio. INR besteuert.

- Die FBT wird grundsätzlich immer mit 33,99% besteuert.

- Die MAT wird mit 10,3% besteuert, wenn der Buchgewinn gemäß Sec.115 JB (1) ITA nicht über 10 Mio. INR liegt. Ein Steuersatz von 11.33% wird erhoben, wenn sich der Buchgewinn über 10 Mio. INR befindet.

- Der Steuersatz bei der DDT beträgt 16,995%.[87]

Prinzipiell werden die Steuersätze immer auf das steuerpflichtige Einkommen erhoben.[88]

2.4.7 Sonderwirtschaftszonen

In Bezug auf die Einkommensbesteuerung in Indien sind in besonderer Weise auch Sonderwirtschaftszonen zu berücksichtigen. Sonderwirtschaftszonen können in vielen verschiedenen Varianten auftreten. Dieser Abschnitt konzentriert sich lediglich auf die „Special Economic Zones" (SEZ). Eine SEZ wird durch den „Special Economic Zones Act" (SEZA) festgelegt.[89] Anlässe dafür kann es verschiedene geben. Mögliche Gründe

---

[85] Die effektive Steuerbelastung wird nachstehend ermittelt: 30%+30%* 3%= 30,9%. Analog zu dieser Berechnungsweise, können die übrigen Steuersätze berechnet werden, bei denen kein Ausbildungszuschlag erhoben wird.

[86] Man errechnet Steuersätze bei denen der Zuschlag und Ausbildungszuschlag erhoben wird folgendermaßen: effektive Steuerbelastung= 30% + 30% * 10%+ (30% + 30% * 10%)*3%. Analog zu dieser Berechnungsweise können die übrigen Steuersätze berechnet werden; *Ossola- Haring/Ruh,* Wachstumsmarkt Indien: Das Investitionshandbuch für Unternehmen und deren Berater, 2008, 177.

[87] *Ernst&Young India,* Tax and Business Guide: Doing Business in India, 2005, 107ff; *Ernst&Young,* Steuern Transparent – Steuern in Indien, 2007, 31ff.; *Ernst&Young,* The 2008 woldwide corporate tax guide, 2008, 377ff.

[88] *Sury,* Fiscal Policy Developments in India 1947 to 2007, 2007, 18.

[89] *Viswanathan,* Tax Planning International Review BNA January 2006 (Volume 33), 17, 17ff.

sind beispielsweise die Förderung unterentwickelter Regionen oder die Förderung spezifischer Branchen oder Forschungen.[90] Grundlage der Besteuerung einer SEZ sind Sec. 10 A und Sec. 10 AA ITA.[91] Bei der Besteuerung von Tochtergesellschaften innerhalb einer SEZ kommt es zu einigen Besonderheiten. So kann eine Tochtergesellschaft in einer SEZ unter anderem von der MAT oder auch der DDT befreit sein. Generell werden die betreffenden Tochtergesellschaften von der Einkommensteuer über einen gewissen Zeitraum freigestellt. Die Länge dieses Zeitraums ist abhängig von der jeweiligen SEZ. In den meisten Fällen werden die Tochtergesellschaften für 5 Jahre zu 100% und die folgenden 5 Jahre zu 50% von der Einkommensteuer befreit.[92]

2.5 Einkünfte aus Gewerbebetrieb[93]

2.5.1 Begriffsbestimmung

Bei der Tochtergesellschaft müssen Einkünfte, die in Zusammenhang mit dem Gewerbebetrieb stehen, nach Sec. 28 ITA besteuert. Laut Sec. 2 (13) ITA handelt es sich hierbei um Einkünfte, die direkt oder indirekt aus dem Handel, dem Handwerk oder der Produktion stammen.[94] Diese Begriffe sind vom Gesetzgeber nicht definiert. Daraus lässt sich folgern, dass grundsätzlich alle Erträge von Körperschaften innerhalb dieser Einkunftsart besteuert werden. Dazu zählen beispielsweise Einnahmen aus staatlichen Zuschüssen, aus dem Verkauf von Importlizenzen und auch Erträge aus illegalen Aktivitäten.[95] Eine Ausnahme dieses Grundsatzes besteht nur für Einkünfte, die unter den Einkunftsarten „Veräußerungsgewinne" und „Einkünfte aus sonstigen Quellen" fallen oder die

---

[90] *Grotherr*, in IWB 1997, Fach 6, Doppelbesteuerung - Deutsch-indische Geschäftsbeziehungen auf der Grundlage des neuen DBA, Gruppe 2, 59, 60ff.; *Phadnis-Otto*, IStR 2001, 61, 62f.

[91] *Lipsher*, Tax Notes International 2006, 859, 860.

[92] *Kamath*, Tax Notes International 2006, 1056, 1057; *Bender*, Tax Notes International 2005, 562, 563; *Palwe*, Tax Notes International 2004, 145, 146.

[93] Eigentlich heißt die Einkunftsart „Profits and Gains of Business or Profession". Da uns jedoch nur Körperschaftsbesteuerung in Indien interessiert, wurden diese Änderungen vorgenommen.

[94] *Jain/Daruwala*, BNA International 2006, 16, 16; *Sury*, Fiscal Policy Developments in India 1947 to 2007, 2007, 194f.

[95] *Winkler*, Indien, in Mennel/Förster, Steuern in Europa, Amerika und Asien, 2008, Rz. 105.

laut Sec. 10 ITA generell von der Besteuerung ausgenommen sind.[96] Zu den steuerbefreiten Einnahmen zählen unter anderem gemäß:

- Sec. 10 (1) ITA Einkommen aus der Landwirtschaft,

- Sec. 10 (21) ITA Einkünfte aus einer Forschungsgesellschaft,

- Sec. 10 (23 D) ITA Einnahmen aus einem „mutual fund",

- Sec. 10 (23FB) ITA Einnahmen aus einer „venture capital company" oder aus einem „venture capital fund",

- Sec. 10 (34) ITA Dividendeneinkünfte,

- Sec. 10 (38) ITA bestimmte Erträge aus Aktien und Aktienfonds.[97]

2.5.2 Handelsbilanzgewinn als Ausgangsbasis

Im indischem Steuerrecht ist die Ausgangsbasis für die Ermittlung der „Einkünfte aus Gewerbebetrieb" laut Sec. 29 ITA der Handelsbilanzgewinn, nach Sec. 349 CA sofern steuerliche Vorschriften von Sec. 30 ITA bis Sec. 43 D ITA keine Abweichung erzwingen.[98] Der Handelsbilanzgewinn wird dabei bei Kapitalgesellschaften grundsätzlich nach der so genannten „Mercantile Method" berechnet. Hierbei sind nach Sec. 145 (1) ITA die Erträge und Aufwendungen in dem Augenblick zu berücksichtigen, wenn ein Anspruch bzw. eine Verpflichtung auf diese entstanden ist.[99] Der Zahlungszeitpunkt kann vor oder nach den Zeitpunkten liegen, an denen die Werte anzusetzen sind.[100] Bei dieser Methode werden die Erträge und Aufwendungen für Gewinnermittlung in einer separaten Gewinn- und Verlustrechnung gegenübergestellt. Zum Durchbruch der periodengerechten Ermittlung kommt es nur bei Ausgaben die in Sec. 43 B ITA bestimmt sind.[101] Sie dürfen erst zu dem Zeitpunkt angesetzt werden, in dem auch die Zahlung erfolgt. Hierzu zählen nach Sec. 43 B ITA beispielsweise (a)

---

[96] *PricewaterhouseCoopers*, India Master Tax Guide, 2007, 100f.
[97] *Sury*, Fiscal Policy Developments in India 1947 to 2007, 2007, 190ff.
[98] *Kapur/Rawal*, Cahiers de droit fiscal international 2006 (Volume 91b), 387, 388; *Sury*, Fiscal Policy Developments in India 1947 to 2007, 2007, 194; *PricewaterhouseCoopers*, India Master Tax Guide, 2007,106ff.
[99] *Santhaman*, Double Taxation Avoidance Agreement, 2006, 28ff.
[100] *PricewaterhouseCoopers*, India Master Tax Guide, 2007, 174.
[101] *Govind*, INTERTAX 2006, 423, 428.

absetzbare Steuern, Zölle, Zuschläge und Gebühren, (c) und geleistete Bonus-
oder Provisionszahlungen an Arbeitnehmer, (e) sowie Zinszahlungen an Banken.[102]

2.5.3 Steuerliche Aufwendungen

Die durch steuerliche Vorschriften verursachten Änderungen des Handelsbi-
lanzgewinnes können in den einzelnen Aufwendungen nach Sec. 30 ITA bis Sec.
36 ITA[103] und die allgemeine Abzugsregel gemäß Sec. 37 ITA unterschieden
werden. So umfassen die spezifischen Aufwendungen unter anderem gemäß:[104]

- Sec. 30 ITA die Mieten, Raten, Steuern, Instandhaltungskosten und
  Versicherungsprämien für Grundstücke,

- Sec. 31 ITA die Versicherungskosten und Instandhaltungskosten für
  Maschinen, Infrastruktur[105], Betriebs- und Geschäftsausstattung und
  technische Anlagen,

- Sec. 32 ITA die Abschreibungen,

- Sec. 33 ITA Ausgaben für die Herstellung von Tee, Kaffee und Gum-
  mi,[106]

- Sec. 35 ITA Aufwendungen, die in Zusammenhang mit der wissen-
  schaftlichen Forschung stehen,

- Sec. 35 A ITA Kosten für den Kauf von Patentrechten,

- Sec. 35 D ITA Gründungs- und Erweiterungsaufwendungen,

---

[102] *Jain/Daruwala*, BNA International 2006, 16, 17; *PricewaterhouseCoopers*, India Master Tax Guide, 2007, 173f.

[103] Es gibt darüber hinaus noch weitere Paragraphen die spezifische Aufwendungen enthalten, welche abzugs fähig sind. Unter Umständen umfassen diese besonderen Reglungen, wie beispielsweise für erdölfördernde Unternehmen nach Sec. 42 ITA. Oder sie sind für Körperschaften von nachrangiger Bedeutung. Das liegt hauptsächlich daran, dass in dieser Einkunftsart neben Körperschaften auch selbständige und spezielle Personenvereinigungen besteuert werden. *PricewaterhouseCoopers*, India Master Tax Guide, 2007 ,139ff.

[104] *Jain/Daruwala*, BNA International 2006, 16, 16.

[105] Das Wort Infrastruktur ist nicht wörtlich aus dem englischen Begriff „building" übersetzt worden, weil es aus steuerlicher Perspektive in Indien jede Art von Infrastruktur einschließt. So umfasst der Ausdruck neben Gebäuden z.B. auch Brücken, Straßen, Kanalisation die zum Unternehmenseigenen Grundstück gehören. Vgl. dazu Note 1 to Appendix 1 to ITR.

[106] Diese drei Güter stellen die einzigen Ausnahmen von Sec. 10 (1) ITA dar, wonach landwirtschaftliche Güter in Indien nicht besteuert werden. Vgl. *Sury*, Fiscal Policy Developments in India 1947 to 2007, 2007, 449f.

- Sec.36 (1) ITA (i) die Versicherungsgebühren für das Umlaufvermögen, (ii) die Ausgaben für Bonuszahlungen an Mitarbeiter, (iii) die Fremdkapitalzinsen, (iv) die Rentenversicherungsbeiträge, (v) die Abfindungszahlungen für Arbeitnehmer und (vii) die Aufwendungen für ausgefallene Forderungen.[107]

Der Paragraph Sec. 37 ITA mit den allgemeinen Abzugsregeln wurde vom Gesetzgeber geschaffen, um zu vermeiden, dass alle abziehbaren Aufwendungen vom Gesetzgeber einzeln in das Gesetz aufgenommen werden müssen.[108] Er enthält einen Kriterienkatalog anhand dessen man prüfen kann, ob gewisse Kosten absetzbar sind.[109] Wichtig dabei ist, dass die in Sec. 37 (1) ITA definierten Voraussetzungen alle gleichzeitig erfüllt sein müssen. Hierbei handelt es sich gemäß Sec. 37(1) ITA um folgende Voraussetzungen:[110]

- Bei den zu überprüfenden Aufwendungen handelt es sich nicht um solche Ausgaben, die in Sec. 30 ITA bis Sec. 36 ITA definiert sind.[111]

- Es handelt sich nicht um Ausgaben, die unter die Kategorie Kapitalkosten eingeordnet werden können oder die durch private Lebensführungskosten verursacht worden sind.

- Die Ausgaben sind in jeder Beziehung und ausschließlich durch den Gewerbebetrieb verursacht.[112]

Zudem wird in Explanation zu Sec. 37 (1) ITA bestimmt, dass die Ausgaben nicht mit Aktivitäten in Zusammenhang stehen dürfen die gegen das Gesetz verstoßen oder durch das Gesetz verboten sind.[113] Der wichtige Begriff Kapitalkosten für die Anwendungen von Sec. 37(1) ITA ist nicht im ITA definiert. Zur genauen Abgrenzung muss auf die Rechtsprechung zurückgegriffen werden. So wurde entschieden, dass es sich um solche Ausgaben handeln muss, die beim Erwerb von Vermögensgegenständen anfallen und die dauerhaft zur Erzielung der Einkünfte beitragen.[114] Grundsätzlich gilt, dass es der Verantwortung des

---

[107] *Sury*, Fiscal Policy Developments in India 1947 to 2007, 2007, 1994ff.
[108] *Jain/Daruwala*, BNA International 2006, 16, 16.
[109] *Jain/Daruwala*, BNA International 2006, 16, 17.
[110] *PricewaterhouseCoopers*, India Master Tax Guide, 2007, 145f.
[111] *Sury*, Fiscal Policy Developments in India 1947 to 2007, 2007, 196f
[112] *PricewaterhouseCoopers*, India Master Tax Guide, 2007, 145.
[113] *Jain/Daruwala*, BNA International 2006, 16, 16.
[114] Jagat Bus Service v. CIT (1950) 18 ITR 13, 23 (All).

Steuerpflichtigen obliegt, von Fall zu Fall prüfen, ob die Kriterien erfüllt werden.[115]

Für die Ermittlung des steuerpflichtigen Gewinns ist es zudem wichtig, dass man den Paragraphen Sec. 40 ITA berücksichtigt. In ihm werden Ausgaben genannt, die entweder überhaupt nicht oder nur unter bestimmten Voraussetzungen abgezogen werden dürfen.[116]

2.5.4 Abschreibungen

2.5.4.1 Rechtlicher Rahmen

Zum Zwecke der Besteuerung werden handelsrechtliche Abschreibungen nicht übernommen.[117] Sie sind durch Abschreibungsbeträge, die gemäß den Vorschriften nach Sec. 32 ITA ermittelt werden, zu ersetzen. Diese sind von den steuerpflichtigen Einkünften aus Gewerbebetrieb abzuziehen. Nach Sec. 32 ITA sind materielle und immaterielle Vermögenswerte abschreibungsfähig. So umfassen sie nach Sec. 32 (1) (i) ITA die materiellen Güter, die Betriebs- und Geschäftsausstattung, Gebäude sowie Maschinen und technische Anlagen. Zu den immateriellen Gütern gehören gemäß Sec. 32 (1) (i) ITA Patente, Markenrechte, Urheberrechte, Handelsmarken, Franchise-Rechte und Lizenzen, die nach dem 1. April 1998 erworben wurden.[118] Firmenwerte und Grundstücke hingegen sind nicht abschreibungsfähig. Nach Sec. 43 (3) ITA fallen unter den Begriff technische Anlagen Schiffe, Fahrzeuge, Bücher, wissenschaftliche Apparate und chirurgisches Equipment. Laut dem Paragraphen Sec. 32 ITA darf eine Tochtergesellschaft nur unter bestimmten Bedingungen Vermögenswerte abschreiben.[119] So müssen diese Güter gemäß Sec. 32 (1) ITA von Kapitalgesellschaften im Steuerjahr für Betriebszwecke genutzt werden. Zusätzlich muss die Tochtergesellschaft ganz oder teilweise Eigentümer der Vermögenswerte sein. Übersteigen die Abschreibungsbeträge die Einkünfte aus Gewerbebetrieb, darf die Diffe-

---

[115] *PricewaterhouseCoopers*, India Master Tax Guide, 2007, 96ff.
[116] *Ossola- Haring/Ruh*, Wachstumsmarkt Indien: Das Investitionshandbuch für Unternehmen und deren Berater, 2008, 171.
[117] *Jain/Daruwala*, BNA International 2006, 16, 16f.; *Ernst&Young*, The 2008 worldwide corporate tax guide, 2008, 383.
[118] *Schmitz-Bauerdick*, Steuerrecht Indien, www.bfai.de/DE/Navigation/Metanavigation/Suche/SucheUebergreifendGT.html, abgerufen am 20.09.2008.
[119] *PricewaterhouseCoopers*, India Master Tax Guide, 2007, 15.

renz gemäß Sec. 32 (2) ITA für unbestimmte Zeit als Verlust vorgetragen werden.[120]

2.5.4.2 Abschreibungsmethode

Anders als im Handelsrecht werden laut Sec. 32 ITA Wirtschaftsgüter nicht einzeln abgeschrieben. Sie werden vielmehr zu sogenannten „Blocks of Assets" zusammengefasst und sind gemeinsam abzuschreiben. Laut Sec. 2 (11) ITA stellen die BOA eine Gruppe innerhalb einer Abschreibungsklasse mit gleichen Abschreibungsätzen dar.[121] In Rule 5 ITR finden sich die spezifischen Abschreibungssätze für die einzelnen Abschreibungsgruppen. So bilden unter anderem gemäß Rule 5 ITR:

- bei Gebäuden die Wohnhäuser einen eigenen BOA und werden gemeinsam mit 5 % abgeschrieben,

  bei Gebäuden die Büros, die Fabriken, die Lagerhauser, die Hotels einen BOA und werden vereint mit 10% abgeschrieben,

- die Betriebs- und Geschäftsausstattung werden generell mit 10% zusammen abgeschrieben,

- bei Anlagen, die Pkw, LKW und Busse. Diese werden zusammen mit 30% abgeschrieben.[122]

Die Abschreibungen werden gemäß Sec. 32 (1) ITA für neue erworbene Wirtschaftsgüter im Jahr der Anschaffung auf die Hälfte reduziert, wenn sie in einem Steuerjahr nach 180 Tagen angeschafft wurden.[123] Besitzt eine Gesellschaft nur einen Anteil eines Vermögenswertes, so darf sie ihn auch nur anteilig abschreiben.[124] Zu dem ist zu beachten, dass Güter, deren tatsächliche Kosten nicht mehr als 5000 INR betragen haben, nach Sec. 32 (1) (a) ITA von den Einkünften aus Gewerbebetrieb direkt abgezogen werden können.[125] Zusätzlich dürfen laut Sec. 32 (1) (a) ITA Automobile, die außerhalb Indiens produziert wurden, nicht abge-

---

[120] *Winkler*, Indien, in Mennel/Förster, Steuern in Europa, Amerika und Asien, 2008, Rz.61.
[121] *Jain/Daruwala*, BNA International 2006, 16, 17.
[122] *Ernst&Young India*, Tax and Business Guide: Doing Business in India, 2005, 120; *Winkler*, Indien, in Mennel/Förster, Steuern in Europa, Amerika und Asien, 2008, Rz. 56ff.
[123] *Jain/Daruwala*, BNA International 2006, 16, 17. *PricewaterhouseCoopers*, India Master Tax Guide, 2007, 113ff.
[124] *PricewaterhouseCoopers*, India Master Tax Guide, 2007, 113ff.
[125] *Müller*, IStR 1993, 462, 463.

schrieben werden – es sei denn, sie werden im Tourismusgeschäft eingesetzt.[126] Zusätzlich ist eine weitere Abschreibung in Höhe von 20% im Jahr der Anschaffung für technische Anlagen gemäß Sec.32 (iia) ITA möglich, wenn sie in der Herstellung oder bei der Produktion eingesetzt werden.[127]

Der anzusetzende Wert von Gütern bei Abschreibungen wird als „written down value" bezeichnet. Gemäß Sec. 43 (6) ITA müssen für seine Berechnung zunächst die tatsächlichen Kosten der Wirtschaftsgüter einer BOA für das Steuerjahr addiert werden. Zu berücksichtigen ist, dass es bei den tatsächlichen Kosten für Vermögenswerte nach Sec. 43 (1) ITA gestattet ist, die direkten und indirekten Kosten anzusetzen. Neben dem Kaufpreis umfassen sie unter anderem auch die Transport- und Installationskosten. Jedoch ist es nach Explanation 8 zu Sec. 43 (1) ITA nicht möglich, eventuelle Kreditkosten geltend zu machen.[128] Der WDV der Abschreibungsgruppe aus der Vorperiode wird um die Summe der Anschaffungskosten erhöht. Das Ergebnis stellt die Gesamtkosten dar. Sie sind um eventuelle Verkaufserlöse aus einem Vermögenswert dieser Gruppe zu mindern.[129] Zudem ist der Wert von beschädigten oder zerstörten Wirtschaftsgütern der Abschreibungsgruppe von den Gesamtkosten abzuziehen. Der sich ergebende Restbetrag ist der WDV von dieser Gruppe von Vermögenswerten. Er wird um den Abschreibungsbetrag reduziert.[130] Hierbei wird die degressive Abschreibungsmethode angewendet.[131] Der spezifische Abschreibungssatz, mit dem abzuschreiben ist, ergibt sich aus Sec. 32 ITA i. V. m. r. 5 ITR. Das Resultat ist der WDV für das Steuerjahr und wird in das nächste Jahr übertragen. Übersteigen die Verkaufserlöse von Wirtschaftgütern die Gesamtkosten in dieser Abschreibungsgruppe, wird die Differenz nach Sec. 50 (2) ITA als kurzfristiger Veräußerungsgewinn qualifiziert und entsprechend besteuert.[132]

---

[126] *Schmitz- Bauerdick*, Steuerrecht Indien, www.bfai.de/DE/Navigation/Metanavigation/Suche/SucheUebergreifendGT.html, abgerufen am 20.09.2008.
[127] *Winkler*, Indien, in Mennel/Förster, Steuern in Europa, Amerika und Asien, 2008, Rz. 60.
[128] *PricewaterhouseCoopers*, India Master Tax Guide, 2007, 118.
[129] *Dua/Jain*, Cahiers de droit fiscal international 2004 (Volume 89b), 341, 348.
[130] *Ossola- Haring/Ruh*, Wachstumsmarkt Indien: Das Investitionshandbuch für Unternehmen und deren Berater, 2008, 172ff.
[131] *Ernst&Young*, Steuern Transparent – Steuern in Indien, 2007, 20.
[132] *Strauß/Mohan*, in Debatin/Wassermeyer, DBA Kommentar, 1999, Anhang Indien, Rz. 47; *Ernst&Young India*, Tax and Business Guide: Doing Business in India, 2005, 117; *Jain/Daruwala*, BNA International 2006, 16, 18.

Das folgende Beispiel soll die oben beschriebene Abschreibungsmethode für Gesellschaftsformen verdeutlichen:[133]

Im Steuerjahr 2006– 2007 kauft ein Unternehmen für 1 Million INA einen Pkw und für 10 Mio. INR einen Lkw. Im gleichen Jahr veräußert es einen alten Lkw für 3 Mio. INR. Der aus dem letzten Jahr vorgetragene WDV dieser Abschreibungsgruppe beträgt 9 Mio. INR. Im Steuerjahr 2007-2008 erwirbt das Unternehmen einen weiteren Pkw für 1 Mio. INR und verkauft 3 Lkw's für insgesamt 12 Mio. INR. Bei Fahrzeugen beträgt der Abschreibungssatz gemäß Sec. 32 ITA i. V. m. r. 5 ITR 30%. In der Tabelle 2 „Abschreibungen im Steuerjahr 2006-2007" (siehe Anhang) und in der Tabelle 3 „Abschreibungen im Steuerjahr 2007-2008" können diese Information nach der oben beschrieben Abschreibungsmethode verarbeitet werden.

Tabelle 2: Abschreibung im Steuerjahr 2006-2007

Berechung im Steuerjahr 2006-2007

	in Mio. Rs.
WDV aus dem Steuerjahr 2005-2006	9
Kaufpreis von PKW	+ 1
Kaufpreis von LKW	+ 10
Gesamtkosten	= 20
Verkaufpreis von LKW	- 5
WDV vor Abschreibung	= 15
Abschreibung beim Satz von 30%	- 4,5
WDV am Ende des Steuerjahres 2006-2007	= 10,5

Quelle: PWC, India Master Tax Guide.

---

[133] *PricewaterhouseCoopers*, India Master Tax Guide, 2007, 125.

Berechnung im Steuerjahr 2007-2008

	in Mio. Rs.
WDV aus dem Steuerjahr 2006-2007	10,5
Kaufpreis von PKW	+ 1
Gesamtkosten	= 11,5
Verkaufpreis von 3 LKW	- 12
Kurzfrisitger Veräußerungsgewinn (positiv)	= 0,5
WDV am Ende des Steuerjahres 2007-2008	0

Quelle: PWC, India Master Tax Guide.

So erhält man einen WDV von 10,5 Mio. INR für das Steuerjahr 2006 - 2007. Er wird in das Steuerjahr 2007- 2008 vorgetragen. In diesem übersteigen somit die Verkaufserlöse die Gesamtkosten. Dies hat zur Folge, dass ein kurzfristiger Veräußerungsgewinn gemäß Sec. 50 (2) ITA erzielt wird. Hieraus ergibt sich auch, dass in dieser Abschreibungsgruppe kein WDV für das nächste Steuerjahr vortragbar ist.[134]

2.5.5 Aufwendungen für wissenschaftliche Zwecke

Gemäß Sec.35 (1) (i) ITA besteht die Möglichkeit für Unternehmen Aufwendungen die mit ihren Forschungsaktivitäten zusammenhängen, abzusetzen.[135] So dürfen sie neben den laufenden Ausgaben auch Kosten für Lohnleistung und Material berücksichtigen, die bis zu 3 Jahre vor Aufnahme der Forschungstätigkeit entstanden sind. Laut Sec.35 (1) (iv) ITA können zudem die sonst verbotenen Kapitalkosten abgezogen werden. Generell muss beachtet werden, dass Kosten für den Kauf von Grundstücken nicht unter diese Aufwendungsart fallen. Es sind zudem sind Spenden für die Forschung und Entwicklung als Aufwendungen absetzbar. Unter anderem darf gemäß:

- Sec. 35 (ii) ITA ein Betrag von 125% von der Spende abgezogen werden, wenn sie an Vereinigung geleistet werden wie Universitäten und wissenschaftliche Institute. Diese sind nicht mit den Spenden an wissenschaftli-

---

[134] *Dua/Jain*, Cahiers de droit fiscal international 2004 (Volume 89b), 341, 348.
[135] *Sury*, Fiscal Policy Developments in India 1947 to 2007, 2007, *Jain/Daruwala*, BNA International 2006, 16, 16. 195.

che Institute zu verwechseln, welche nach Sec. 80 GGA ITA als Sonderausgaben abgezogen werden können.[136]

- Sec. 35 (iia) ITA ein Betrag von 125% von der Spende als Aufwendungen in dieser Einkunftsart angesetzt werden, wenn sie an Unternehmen Geleistet werden in Indien, die überwiegend in der Forschung und Entwicklung tätig sind.[137]

Eine Besonderheit besteht nach Sec.35 (2AB) ITA für Unternehmen die in bestimmten Branchen forschen. Sie dürfen 150% ihre Gesamtaufwendungen für selbst durchgeführte Forschungen und Entwicklungen von den Einkünften aus Gewerbebetrieb abziehen. Steuerliche Anreize bestehen unter anderem für Unternehmen, die in den Branchen Biotechnologie, Pharmazie, Electronic, Informationstechnologien und Chemie aktiv sind. Nicht enthalten dürfen in diesen Ausgaben für Grundstücke und Gebäude Die besondere Regelung gilt bis zum 31.03.2012.[138]

2.5.6 Gründungs- und Erweiterungsaufwendungen

Mit Sec. 35 D ITA hat der Gesetzgeber die Möglichkeit geschaffen, dass bestimmte Gründungs- und Erweiterungsaufwendungen aktiviert werden können. In Sec. 35 D (1) ITA ist ausdrücklich festgelegt worden, dass die Möglichkeit zur Berücksichtigung dieser Vorbereitungsaufwendungen nur inländischen Gesellschaften offen steht.[139]

Solche Kosten sind gemäß Sec. 35 D (1) ITA (i) entweder vor der Gründung der Tochtergesellschaft in Indien angefallen, (ii) oder sie werden bei der Erweiterung ihres Geschäftsbetriebes verursacht. Letztgenannte Aufwendungen dürfen auch angesetzt werden, wenn es sich um eine Holdinggesellschaft handelt, die ihren Geschäftsbetrieb durch Gründung einer Tochtergesellschaft erweitert.[140] Ohne Sec.35 D ITA würden diese Kosten nicht gewinnminimierend wirken, weil

---

[136] *PricewaterhouseCoopers*, India Master Tax Guide, 2007, 18.
[137] *PricewaterhouseCoopers,* India Master Tax Guide, 2007, 133.
[138] *PricewaterhouseCoopers*, India Master Tax Guide, 2007, 133.
[139] *PricewaterhouseCoopers*, India Master Tax Guide, 2007, 135.
[140] *Huynh-Ngoc*, Steuerplanung bei Wirtschaftsaktivitäten deutscher Unternehmen in Indien, 2000, 108.

diese Aufwendungen in der Regel vor der Geschäftsaufnahme angefallen sind.[141]
Gemäß Sec.35 D (2) ITA hängen die aktivierungsfähigen Aufwendungen unter anderem zusammen mit:

(a) (i) Machbarkeitsanalysen, (ii) Projektanalysen und mit (iv) technischen Dienstleistungen.

(b) Rechtskosten aus dem Geschäftsbetrieb,

(c) (i) dem Gesellschaftervertrag, (iii) mit Registrierungsgebühren für die Tochtergesellschaft.[142]

Allerdings sind gemäß Sec.35 D (3) (b) ITA insgesamt nur 5% des eingesetzten Kapitals von einer Tochtergesellschaft aktivierungsfähig. Dieses umfasst nach Explanation b (ii) zu Sec.35 D ITA das Eigenkapital und das langfristige Fremdkapital[143]. Sie können nach Sec.35 D (1) in 5 Jahresraten abgezogen werden, wobei diese im Jahr der Gründung oder Erweiterung der Kapitalgesellschaft beginnen.[144]

2.5.7 Nicht abzugsfähige Aufwendungen

Nach dem indischen Steuerrecht können bestimmte Aufwendungen nicht abgezogen werden. So dürfen nach Sec.37 (22B) ITA grundsätzlich Reklamekosten wie beispielsweise für Andenken, Broschüren oder Flugblätter nicht abgesetzt werden.[145] Der Paragraph Sec. 40 ITA umfasst weitere Ausgaben, die entweder überhaupt nicht oder erst nach Erfüllung von gewissen Bedingungen von den Einkünften aus Gewerbebetrieb abgezogen werden dürfen. Die Bestimmungen dieses Paragraphen haben dabei Vorrang vor den Vorschriften anderer Gesetze. So können nach Sec. 40 ITA bei der Tochtergesellschaft die Ausgaben für die Börsenumsatzsteuer[146], für die FBT, für die im Inland gezahlte Einkommens-

---

[141] *Ossola- Haring/Ruh*, Wachstumsmarkt Indien: Das Investitionshandbuch für Unternehmen und deren Berater, 2008, 171f.

[142] *PricewaterhouseCoopers*, India Master Tax Guide, 2007, 135. *Sury*, Fiscal Policy Developments in India 1947 to 2007, 2007, 195.

[143] Das langfristige Fremdkapital ist in Explanaton (c) zu Sec. 35D ITA definiert.

[144] *Huynh-Ngoc*, Steuerplanung bei Wirtschaftsaktivitäten deutscher Unternehmen in Indien, 2000, 107; *PricewaterhouseCoopers*, India Master Tax Guide, 2007, 136.

[145] *Sury*, Fiscal Policy Developments in India 1947 to 2007, 2007, 195f

[146] *Ernst&Young*, Steuern Transparent – Steuern in Indien, 2007, 382.

teuer, für die DDT, für eine im Ausland gezahlte Steuer auf Gewinne von Körperschaften, und für die indische Vermögensteuer oder vergleichbare ausländische Vermögensteuern, nicht abgezogen werden.[147]

Wurde eine Quellensteuer einbehalten, dürfen nach Sec.40 (a) ITA, die folgenden Aufwendungen abgezogen werden:

i. Löhne und Gehälter die außerhalb Indiens zu zahlen sind [148]

ii. Zinsen, Lizenzgebühren, Gebühren für technische Dienstleistungen die an ausländische Unternehmen zu zahlen sind. Ist bei diesen Ausgaben zwar eine Quellensteuer einbehalten worden aber nicht fristgerecht an das CBDT überwiesen worden, sind diese Ausgaben nicht abzugsfähig. Falls die Quellensteuer in einem späteren Veranlagungsjahr an das Finanzamt abgeführt wird, dürfen die Ausgaben doch noch abgezogen werden.[149]

Zu den Zinsen in diesem Paragraphen ist anzumerken, dass es keine „Thin Capitalization Rule" zur Beschränkung der Fremdfinanzierung eine Körperschaft in Indien gibt.[150]

Zudem können laut Sec. 40 A (2) (a) ITA i. V. m. Sec. 40 A (2 b) (vi) (B) ITA Zahlungen von Tochtergesellschaften an verwandte Personen für Güter, Dienstleistungen, Einrichtungen oder jede andere Art von Leistungen nicht abgezogen werden, wenn diese im Vergleich zum Marktwert überhöht oder unangemessen sind.[151] Eine verwandte Person ist jemand, der ein wesentliches Interesse an der Gesellschaft hat. So hat ein deutsches Unternehmen nach Explanation (a) Sec. 40 A ITA ein solches Interesse an einer Tochtergesellschaft, wenn sie zu einem beliebigen Zeitpunkt im Veranlagungsjahr mindestens 20 % der stimmberechtigten Anteile hält, oder wenn sie mit mindestens 20 % am Gewinn beteiligt ist.[152]

---

[147] *PricewaterhouseCoopers*, India Master Tax Guide, 2007, 163f.
[148] *Sury*, Fiscal Policy Developments in India 1947 to 2007, 2007, 211.
[149] *Winkler*, Indien, in Mennel/Förster, Steuern in Europa, Amerika und Asien, 2008, Rz. 51; *Kamath*, Tax Notes International April 2004 (Volume 34), 13, 13.
[150] *Ossola-Haring/Ruh*, Wachstumsmarkt Indien: Das Investitionshandbuch für Unternehmen und deren Berater, 2008, 172.
[151] *PricewaterhouseCoopers*, India Master Tax Guide, 2007, 166f.
[152] *Ernst&Young*, Steuern Transparent – Steuern in Indien, 2007, 19.

2.6 Veräußerungsgewinne

2.6.1 Begriffbestimmung

Nach dem indischen Steuerrecht werden Gewinne aus der Veräußerung von Vermögensgegenständen in einem Steuerjahr gemäß Sec. 45 ITA mit einer Kapitalgewinnsteuer belegt. Als Veräußerung gelten gemäß Sec. 2 (47) ITA insbesondere:

- der Verkauf oder der Tausch eines Vermögensgegenstandes,

- der Verzicht oder die Aufgabe eines Vermögensgegenstandes,

- das Erlöschen von Besitzansprüchen aufgrund gesetzlicher Bestimmungen,

- die Einbringung eines Vermögensgegenstandes in eine Gesellschaft gegen Beteiligungserträge.[153]

Einige Transfers werden vom indischen Gesetzgeber nicht als Veräußerung angesehen und führen daher nicht zu einer Steuerpflicht. Dazu gehören neben Anderen nach:

- Sec. 46 (1) ITA die Verteilung von Vermögenswerten an ihre Eigentümer nach der Liquidierung der Gesellschaft.[154]

- Sec. 47 (iv) ITA die Übertragung von Vermögensgegenständen einer Muttergesellschaft auf ihre vollständig im Besitz befindliche indische Tochtergesellschaft.

- Sec. 47 (vii) ITA die Übertragung von eigenen Aktien beim Zusammenschluss von Gesellschaften, wenn es sich bei dem fusionierten Unternehmen um eine indische Gesellschaft handelt.[155]

Der Begriff des Vermögensgegenstandes ist in Sec. 2 (14) ITA definiert und umfasst beinahe alle Vermögenswerte eines Unternehmens. Es kann sich dabei

---

[153] *Sury*, Fiscal Policy Developments in India 1947 to 2007, 2007, 215.
[154] Vor dem Transfer des Liquidationserlöses nach Deutschland unterliegt die Tochtergesellschaft noch der DDT.
[155] *Govind*, IStR 2001, 140, 143; *Sury*, Fiscal Policy Developments in India 1947 to 2007, 2007, 217f.

sowohl um materielles wie auch um immaterielles Vermögen[156], bewegliches wie auch unbewegliches Vermögen, sowie um Sachanlagen oder auch um Umlaufvermögen handeln. Für die Besteuerung von Veräußerungsgewinnen ist es nicht erforderlich, dass die Vermögensstände betrieblich genutzt werden.[157] Laut Sec. 2 (14) fallen die folgenden Vermögenswerte jedoch nicht unter den Begriff der Vermögensgegenstände:

- Warenvorräte, Betriebs- und Rohstoffe die betrieblich genutzt werden,

- landwirtschaftliche Grundstücke die in ländlichen Regionen liegen,

- bewegliche Sachen für den privaten Gebrauch (z. B. Kleidung und Möbel),

- spezielle Gold- Bonds und Inhaberanleihen ausgegeben von der indischen Regierung.[158]

Das hat zur Folge, dass bei einem Verkauf von solchen Vermögenswerten ein möglicher Veräußerungsgewinn nicht unter die Kapitalgewinnsteuer fällt. Im ITA wird anhand der Haltedauer eines Wirtschaftsgutes unterschieden, ob es sich um einen kurzfristigen oder langfristigen Vermögensgegenstand handelt. Ein kurzfristiger Vermögensgegenstand ist in Sec. 2 (42 A) ITA definiert als ein Wirtschaftsgut, das nicht länger als 36 Monate vor der Veräußerung im Besitz des Steuerpflichtigen war.[159] Bei Anteilen an dem „Unit Trust of India", bei Aktien oder Wertpapieren die in Indien gehandelt werden und bei bestimmten Investmentfonds beträgt die Haltedauer laut diesen Paragraphen lediglich 12 Monate.[160] Maßgebend für die Berechnung der Besitzfrist ist der Zeitraum zwischen dem Tag des Erwerbes und dem Tag der Veräußerung eines Vermögensgegenstandes durch die Gesellschaft. Nach der Definition in Sec. 2 (29A) ITA liegt ein langfristiger Vermögensgegenstand vor, falls die Besitzfrist für kurzfristige Vermögensgegenstände überschritten wird. Entsprechend der Halte-

---

[156] Beispielweise gehören Markenrechte, Patente und der Geschäftswert eines Unternehmens zum immateriellen Vermögen in Indien. Vgl. *Sury*, Fiscal Policy Developments in India 1947 to 2007, 2007, 141.

[157] *Winkler*, Indien, in Mennel/Förster, Steuern in Europa, Amerika und Asien, 2008, Rz. 130f.

[158] *Ernst&Young India*, Tax and Business Guide: Doing Business in India, 2005, 116; *Ernst&Young*, Steuern Transparent – Steuern in Indien, 2007, 25f.

[159] *Winkler*, Indien, in Mennel/Förster, Steuern in Europa, Amerika und Asien, 2008, Rz. 131ff.

[160] *Jain/Daruwala*, BNA International 2006, 16, 17f.

dauer von Vermögensgegenständen, ergeben sich bei ihrem Verkauf entweder kurzfristige Veräußerungsgewinne oder langfristige Veräußerungsgewinne.[161]

2.6.2 Ermittlung des kurzfristigen Veräußerungsgewinnes

Die Berechnungsmethode für die Ermittlung der kurzfristigen Veräußerungsgewinne ist in Sec. 48 ITA geregelt. Für die Ermittlung der Veräußerungsgewinne müssen vom Verkaufspreis alle Aufwendungen abgezogen werden, die mit dem verkauften Vermögensgegenstand zusammenhängen. Diese bestehen nach Sec. 48 ITA aus:

(i)   den Kosten die gänzlich und ausschließlich mit der Übertragung zusammenhängen.

(ii)   den Anschaffungskosten und aus den Verbesserungskosten.[162]

Die Übertragungskosten können beispielsweise Reisekosten, Maklerkosten und Rechtskosten sein. Alle Ausgaben, die Anschaffungskosten bzw. Verbesserungskosten darstellen, werden vom Gesetzgeber in Sec. 55 ITA aufgezählt.[163] So fallen unter den Begriff Anschaffungskosten nach Sec. 55 (2) ITA alle Aufwendungen, die mit dem Kaufpreis zusammenhängen. Es dürfen unter anderem auch angefallene Zinsen, die bei Aufnahme eines Kredites für den Erwerb des Vermögensgegenstandes angefallen sind, angesetzt werden.[164] Aufwendungen die in Zusammenhang mit der Veränderung oder Erweiterung eines Vermögenswertes stehen, können nach Sec. 55 (1) ITA als Verbesserungskosten berücksichtigt werden. Hier herunter fällt zum Beispiel die Renovierung eines Gebäudes.[165]

2.6.3 Ermittlung des langfristigen Veräußerungsgewinnes

Im Vergleich zu der Berechnungsweise bei kurzfristigen Veräußerungsgewinnen, wird bei der Ermittlung der langfristigen Veräußerungsgewinne die Infla-

---

[161] *Ernst&Young*, The 2008 worldwide corporate tax guide, 2008, 381.
[162] *Sury*, Fiscal Policy Developments in India 1947 to 2007, 2007, 217.
[163] *Ernst&Young*, Steuern Transparent – Steuern in Indien, 2007, 26.
[164] *Sury*, Fiscal Policy Developments in India 1947 to 2007, 2007, 216f.
[165] *PricewaterhouseCoopers*, India Master Tax Guide, 2007, 239.

tion berücksichtigt.[166] Der Paragraph Sec. 48 ITA ermöglicht es, dass die Anschaffungskosten und Verbesserungskosten indexiert werden. Dies geschieht nach Explanation zu Sec. 48 ITA dadurch, dass (iii) die Anschaffungskosten und (iv) die Verbesserungskosten an die Entwicklung des Kosteninflationsindex angepasst werden.[167] Die Entwicklung des Kosteninflationsindexes wird in Tabelle 4 dargestellt.

Tabelle 4: Kosteninflationsindex

Haushaltsjahr/ Financial Year	Kosteninflationsindex
2008-2009	582
2007-2008	551
2006-2007	519
2005-2006	497
2004-2005	480
2003-2004	463
2002-2003	447
2001-2002	426
2000-2001	406
1999-2000	389
1998-1999	351
1997-1998	331
1996-1997	305
1995-1996	281
1994-1995	259
1993-1994	244

Quelle: PWC, India Master Tax Guide.

Dieser wird für jedes Steuerjahr von der indischen Regierung aktualisiert, und soll nach Explanation zu Sec. 48 ITA 75% des Konsumentenpreisanstiegs für Angestellte in den Städten abbilden.[168] Er reicht nur bis zum Steuerjahr 1981-82 zurück. Bei Kosten die in vorigen Steuerjahren angefallen sind, hat ein Unternehmen die Wahl, ob es für das Steuerjahr 1981-82 den fairen Marktwert oder die tatsächlich angefallenen Kosten ansetzt.[169] Die Anpassung an diesen Index erfolgt anhand folgender Formeln:[170]

---

[166] *PricewaterhouseCoopers*, India Master Tax Guide, 2007, 243ff.
[167] *Jain/Daruwala*, BNA International 2006, 16, 18.
[168] *Strauß*, in Debatin/Wassermeyer, DBA- Kommentar, 1999, Artikel 2 Indien, Rz. 17.
[169] *Strauß/Mohan*, in Debatin/Wassermeyer, DBA Kommentar, 1999, Anhang Indien, Rz. 48; *Strauß*, in Debatin/Wassermeyer, DBA- Kommentar, 1999, Artikel 2 Indien, Rz. 18.
[170] *Govind*, IStR 2001, 140, 144; *Sury*, Fiscal Policy Developments in India 1947 to 2007, 2007, 218.

$$\text{indexierte Anschaffungskosten} = \frac{\text{Kosteninflationsindex im Jahr der Veräußerung} \times \text{Anschaffungskosten}}{\text{Kosteninflationsindex im Jahr der Anschaffung}}$$

$$\text{indexierte Verbesserungskosten} = \frac{\text{Kosteninflationsindex im Jahr der Veräußerung} \times \text{Verbesserungskosten}}{\text{Kosteninflationsindex im Jahr der Verbesserung}}$$

Das folgende Beispiel, soll die oben beschriebene Ermittlungsweise eines langfristigen Veräußerungsgewinnes veranschaulichen:

Ein Unternehmen verkauft einen Vermögensgegenstand nach Abzug der Übertragungskosten für 1 Mio. INR im Steuerjahr 2008-2009. Diesen hat er für 500.000 INR im Steuerjahr 2000-2001 gekauft und einige Verbesserungen an ihm im Werte von 50.000 INR durchführen lassen.[171] Diese Informationen lassen sich in Tabelle 5 „Ermittlung des langfristigen Veräußerungsgewinnes" verarbeiten.

Tabelle 5: Ermittlung des langfristigen Veräußerungsgewinnes

Anschaffungskosten eines Vermögensgegenstandes im Steuerjahr 2000-2001 (A)		500.000 INR
Angefallene Verbesserungskosten im Steuerjahr 2003-2004 (B)		50.000 INR
Erlös nach Abzug der Übertragungskosten bei der Veräußerung des Vermögensgegenstandes im Steuerjahr 2008-2009 für (C)		1.000.000 INR
Kosteninflationsindex 2001-2001 (D)		406
Kosteninflationsindex 2003-2004		447
Kosteninflationsindex 2008-2009 (E)		582
Indexierte Anschaffungskosten (F)	(E x A) / D	= 716.748 INR
Indexierte Anschaffungskosten (G)	(E x B) / D	= 71.674 INR
Veräußerungsgewinn	C - F - G	= 211.578 INR

Quelle: Govind, IStR 2001, 140-147.

Aus dem Berechnungsschema wird ersichtlich, dass durch die Indexierung der zu versteuernde langfristige Veräußerungsgewinn von 450.000 INR[172] auf 211.578 INR gesunken ist.

---

[171] *Govind*, IStR 2001, 140, 144.
[172] 1.000.000 INR - 550.000 INR = 450.000 INR.

2.6.4 Steuererleichterung bei spezifischen Investitionen

Der Gesetzgeber hat einige Möglichkeiten der Steuerbefreiung geschaffen um Investitionstätigkeiten innerhalb der indischen Volkswirtschaft anzuregen. So sind laut Sec. 45 (1) ITA Veräußerungsgewinne von der Steuer befreit, wenn sie nach den Bestimmungen der Sec. 54, 54B, 54D, 54EC, 54 F und 54 GA ITA entweder ganz oder teilweise reinvestiert werden.[173]

Für Tochtergesellschaften sind insbesondere die folgenden Regelungen von Bedeutungen:

So werden entsprechend Sec. 54 D ITA Veräußerungsgewinne aus Enteignungen von Ländereien und Gebäuden der Tochtergesellschaft durch die indische Regierung von der Steuer befreit, wenn sie innerhalb von 3 Jahren für den Erwerb neuer Gründstücke und Gebäude eingesetzt werden.[174]

Gemäß Sec. 54 EA ITA werden langfristige Veräußerungsgewinne von der Besteuerung ausgenommen, wenn sie innerhalb von 6 Monaten in spezifische Anleihen, Schuldverschreibungen oder in Aktien von öffentlichen Unternehmen oder von öffentlichen Fonds im Sinne von Sec. 10 (23 D) ITA investiert werden.[175]

Laut Sec. 54 G ITA werden kurzfristige und langfristige Veräußerungserlöse aus Maschinen, technischen Anlagen, Gebäuden und Grundstücken von der Steuer freigestellt, wenn sie bei Verlagerung eines Unternehmens von einem Großstadtgebiet in eine andere Region Indiens entstehen. Daneben müssen diese ein Jahr zuvor oder 3 Jahre danach wieder in solche Vermögensgegenstände investiert werden.[176]

---

[173] *PricewaterhouseCoopers*, India Master Tax Guide, 2007, 224.
[174] *PricewaterhouseCoopers*, India Master Tax Guide, 2007, 255.
[175] *Govind*, IStR 2001, 140, 146.
[176] *Winkler*, Indien, in Mennel/Förster, Steuern in Europa, Amerika und Asien, 2008, Rz. 132.

In Sec. 54 GA ITA gelten simultane Reglungen wie in Sec. 54 G ITA. Der Unterschied besteht darin, dass Veräußerungsgewinne von der Steuer befreit werden, wenn sie innerhalb sogenannter SEZ reinvestiert werden.[177]

In diesen Paragraphen ist grundsätzlich bestimmt, dass Veräußerungsgewinne die nur teilweise reinvestiert werden auch nur anteilig von der Steuer befreit werden.[178]

2.7 Einkünfte aus sonstigen Quellen

Unter die Einkunftsart Einkünfte aus sonstigen Quellen fallen laut Sec. 56 (1) ITA alle Einkünfte, die nicht innerhalb einer der anderen Einkunftsarten besteuert werden.[179] Hierbei handelt es sich um Einkünfte, die nicht von der Steuer befreit sind. Für die Tochtergesellschaft kommen nach Sec. 56 (2) ITA insbesondere die folgenden Einkünfte in Betracht:

(i)   Einkünfte aus Dividenden,

(ii)   Einkünfte aus der Vermietung von Maschinen, Anlagen und Betriebs- und Geschäftsausstattung,

(iii) Einkünfte aus Zinsen von Bankguthaben und Kreditgewährung,

(iv)   Einkünfte aus Zinsen von Wertpapieren die z. B. von der indischen Regierung oder von Unternehmen herausgegeben wurden.[180]

Zu beachten ist, dass innerhalb dieser Einkunftsart nur Dividenden besteuert werden, die nicht unter der DDT veranlagt werden. Sie werden laut Sec. 10 (34) ITA beim Empfänger von der Steuer freigestellt.[181] So fallen nach Sec. 2 (22) ITA Dividenden aus Vorzugsaktien unter diese Einkunftsart, wenn der Steuerpflichtige mehr als 10% der Anteile eines Unternehmens hält. Sie könnten dann in

---

[177] *Sury*, Fiscal Policy Developments in India 1947 to 2007, 2007, 190, 221f.
[178] *Govind*, IStR 2001, 140, 146.
[179] *Jain/Daruwala*, BNA International 2006, 16, 18; *Winkler*, Indien, in Mennel/Förster, Steuern in Europa, Amerika und Asien, 2008, Rz. 140.
[180] *Winkler*, Indien, in Mennel/Förster, Steuern in Europa, Amerika und Asien, 2008, Rz. 140ff.
[181] *Winkler*, Indien, in Mennel/Förster, Steuern in Europa, Amerika und Asien, 2008, Rz. 140f.

Form von Krediten, Geld oder gewissen Vorteilen gewährt werden.[182] Auch Einkünfte aus Aktien von Unternehmen, die ihren Sitz außerhalb Indiens haben,
zählen zu den Dividenden. Empfängt die Tochtergesellschaft Dividenden aus
Deutschland, so werden diese laut Art. 23 Abs. 2 Satz 1 DBA Deutschland-
Indien[183] in Indien abgezogen.[184]Empfängt sie Dividenden aus einem Land mit
dem Indien kein DBA abgeschlossen hat, werden die Dividenden gemäß Sec. 91
(1) ITA in Indien angerechnet.[185] Entsprechend dieses Paragraphen werden der
niedrige Betrag aus der indischen Steuer, die auf die auf die Schachteldividenden entfällt, oder die Steuer aus dem ausländischen Staat auf die Schachteldividenden in Indien angerechnet.[186]

In Sec. 57 ITA sind die Aufwendungen definiert, die ein Steuerpflichtiger bei
den Einkünften aus Sonstigen Quellen abziehen darf. Gemäß Sec. 57 ITA dürfen:

(1) bei Dividenden die damit verbundenen Kommissionen und Gebühren
     abgezogen werden.

(2) bei Einkünften aus der Vermietung von Maschinen, Anlagen und Be-
     triebs- bzw. Geschäftsausstattung die Reparaturkosten, Abschreibun-
     gen, ungenutzte Abschreibungsbeträge und andere damit verbundene
     Kosten abgezogen werden.

(3) bei allen anderen Einkünften Aufwendungen abgezogen werden, die in
     jeder Beziehung und ausschließlich durch diese verursacht worden
     sind. Eine Ausnahme bilden wiederum die Kapitalkosten. Sie dürfen
     auch hier nicht angesetzt werden.[187]

---

[182] *PricewaterhouseCoopers*, India Master Tax Guide, 2007,274.
[183] BGBl II 1996, 706.
[184] *Reith*, Internationales Steuerrecht, 2004, Rz. 584ff.
[185] *Santhanam*, Double Taxation Avoidance Agreement, 2006, 611ff.
[186] *Kapur/Rawal*, Cahiers de droit fiscal international 2006 (Volume 91b), 387, 392. *Winkler*, Indien, in
   Mennel/Förster, Steuern in Europa, Amerika und Asien, 2008, Rz. 238.
[187] *Sury*, Fiscal Policy Developments in India 1947 to 2007, 2007, 196; *PricewaterhouseCoopers*, India Master
   Tax Guide, 2007, 279.

2.8 Verlustverrechnung

In Indien besteht prinzipiell die Möglichkeit eines horizontalen und vertikalen Verlustausgleiches im gleichem Veranlagungsjahr und die Möglichkeit des Verlustvortrages in folgende Veranlagungsjahre für eine Tochtergesellschaft.[188] So ist in Sec. 70 (1) ITA für den horizontalen Verlustausgleich bestimmt, dass negative Einkünfte aus einer Einkunftsart mit positiven Einkünften aus der gleichen Einkunftsart verrechnet werden können. Hierbei bilden die Spekulationsverluste bei den Einkünften aus Gewerbebetrieb gemäß Sec. 73 (1) ITA bzw. langfristigen Veräußerungsverlusten nach Sec. 70 (3) ITA eine Ausnahme dieses Grundsatzes. Ein horizontaler Verlustausgleich ist laut diesen Paragraphen nur mit Spekulationsgewinnen bzw. langfristigen Veräußerungsgewinnen möglich. Bei kurzfristigen Veräußerungsverlusten besteht hingegen nach Sec. 70 (2) ITA die Möglichkeit, diese mit kurzfristigen und langfristigen Veräußerungsgewinnen auszugleichen.[189]

Der vertikale Verlustausgleich[190] ist in Sec. 71 (1) ITA definiert. Er wird nur für Veräußerungsverluste vom Gesetzgeber nicht gewährt.[191] Die übrigen Einkunftsarten können ihre Verluste mit den Gewinnen der anderen Einkunftsarten ausgleichen. Sie dürfen diese Verluste laut Sec. 72 (2) ITA auch mit Veräußerungsgewinnen ausgleichen. Es ist zudem nach Sec. 72 (iii) ITA gestattet, nicht in Anspruch genommene Abschreibungen mit jeder Einkunftsart zu verrechnen.[192]

Neben den beiden Verrechnungsmöglichkeiten im selben Veranlagungsjahr, kann die Tochtergesellschaft grundsätzlich ihre nicht zuvor ausgeglichenen Verluste vortragen.[193]

---

[188] *Winkler*, Indien, in Mennel/Förster, Steuern in Europa, Amerika und Asien, 2008, Rz. 37.
[189] *Govind*, IStR 2001, 140, 147.
[190] *PricewaterhouseCoopers*, India Master Tax Guide, 2007, 601ff.
[191] *Strauß/Mohan*, in Debatin/Wassermeyer, DBA Kommentar, 1999, Anhang Indien, Rz. 49.
[192] *Ernst&Young*, The 2008 worldwide corporate tax guide, 2008, 387.
[193] *Sury*, Fiscal Policy Developments in India 1947 to 2007, 2007, 197.

So darf sie gemäß:

Sec. 72 (1) ITA i. V. m. Sec. 72 (3) ITA nicht ausgeglichene negative Einkünfte aus Gewerbebetrieb, mit Ausnahme von Spekulationsverlusten, für 8 Jahre vortragen und nur mit Gewinnen in dieser Einkunftsart verrechnen.[194]

Sec. 72 A ITA nicht genutzte Abschreibungsbeträge von den Einkünften aus Gewerbebetrieb ohne zeitliche Beschränkung vortragen und kann sie mit den positiven Einkünften aller Einkunftsarten verrechnen.[195]

Sec. 73 (2) ITA i. V. m. Sec. 73 (4) ITA Spekulationsverluste[196] für 4 Jahre vortragen und sie nur mit zukünftigen Spekulationsgewinnen ausgleichen.[197]

Sec. 74 (2) ITA Veräußerungsverluste grundsätzlich für 8 Jahre vortragen. Hierbei können kurzfristige Veräußerungsverluste nach Sec. 74 (1) (a) ITA grundsätzlich mit zukünftigen kurz- und langfristigen Veräußerungsgewinnen ausgeglichen werden. Gemäß Sec. 74 (1) (b) ITA dürfen langfristige Veräußerungsverluste nur mit zukünftigen langfristigen Veräußerungsgewinnen ausgeglichen werden.[198]

Bei der Verlustverrechnung ist laut Rechtsprechung folgende Reihenfolge zu beachten. Zunächst muss ein horizontaler Verlustausgleich vorgenommen werden. Darauf folgt der vertikale Verlustausgleich. Und abschließend dürfen die Gewinne der verschiedenen Einkunftsarten mit vorgetragenen Verlusten verrechnet werden. Die Intention hinter dieser Regelung ist es zu vermeiden, dass Verluste zuerst mit Gewinnen ver-

---

[194] *Dua/Jain,* Cahiers de droit fiscal international 2004 (Volume 89b), 341, 351.
[195] *Ernst&Young*, Steuern Transparent – Steuern in Indien, 2007,21; *Winkler*, Indien, in Mennel/Förster, Steuern in Europa, Amerika und Asien, 2008, Rz. 61.
[196] Vergleiche Sec.73 ITA zur näheren Definition des Begriffes Spekulationsverluste Sec.73 ITA.
[197] *Dua/Jain*, Cahiers de droit fiscal international 2004 (Volume 89b), 341, 351.
[198] *Sury*, Fiscal Policy Developments in India 1947 to 2007, 2007, 222.

rechnet werden die einer höheren Besteuerung unterliegen. [199] Ein Verlustrücktrag ist in Indien nicht vorgesehen.[200]

2.9 Ermittlung des steuerpflichtigen Einkommens und des Nettoeinkommens

Laut Sec. 2 (45) ITA erfolgt die Ermittlung des Gesamtgewinns eines Steuerpflichtigen auf Basis seiner Ansässigkeit.[201] Um den Nettogewinn einer Tochtergesellschaft ermitteln zu können, muss zunächst einmal der steuerpflichtige Gewinn für eine ansässige Gesellschaft berechnet werden. Dabei muss berücksichtigt werden, dass Sonderausgaben vom Bruttogewinn abgezogen werden dürfen.[202] So steht es Unternehmen beispielsweise frei, nach Sec. 80 GGA ITA Spenden an wissenschaftliche Institute als Sonderausgaben abzuziehen.

Das steuerpflichtige Einkommen wird in vier Schritten berechnet.[203] So werden zuerst die Einkünfte in den einzelnen Einkunftsarten getrennt und analog wie in Kapitel 2.3 bis 2.5 berechnet. Dementsprechend ist bei den Einkünften aus Gewerbetrieb der Handelsbilanzgewinn[204], um die handelsrechtlichen Abschreibungen und die nichtabzugsfähigen Aufwendungen zu erhöhen und um die steuerbefreiten Einkünfte, steuerrechtlichen Abschreibungen und die abzugsfähigen Ausgaben zu mindern. Bei der Einkunftsart Veräußerungsgewinne, werden die kurzfristigen und langfristigen Veräußerungsgewinne gesondert ermittelt, um die besonderen Vorschriften für die Berechnung der langfristigen Veräußerungsgewinne berücksichtigen zu können.[205] Im nächsten Schritt werden die einzelnen Ergebnisse der Einkunftsarten aufaddiert. Dem folgt der dritte Schritt, indem der Verlustausgleich für die einzelnen Einkunftsarten stattfin-

---

[199] CIT v. S.S. Thiagarajan (1981) 129 ITR 115 (Madras); CIT v. Harprasad & Co Ltd (1975) 99 ITR 118 (SC); In Sec.80 ITA findet man eine Zusammenfassung für die Möglichkeiten des Verlustabzugs und Verlustvortrages. Vgl. *Sury*, Fiscal Policy Developments in India 1947 to 2007, 2007, 609.

[200] *Strauß/Mohan*, in Debatin/Wassermeyer, DBA Kommentar, 1999, Anhang Indien, Rz. 6; *Dua/Jain*, Cahiers de droit fiscal international 2004 (Volume 89b), 341, 351.

[201] *Sury*, Fiscal Policy Developments in India 1947 to 2007, 2007, 200.

[202] *Winkler*, Indien, in Mennel/Förster, Steuern in Europa, Amerika und Asien, 2008, Rz. 151.

[203] *PricewaterhouseCoopers*, India Master Tax Guide, 2007, 18.

[204] *Ernst&Young*, The 2008 worldwide corporate tax guide, 2008, 383.

[205] *Jain/Daruwala*, BNA International 2006, 16, 18.

det. Er wird in der Reihenfolge horizontaler, dann vertikaler Verlustausgleich und zuletzt der Verlustausgleich mit vorgetragenen Verlusten aus der Vorperiode vorgenommen.[206] Hierbei erhält man das Bruttoeinkommen einer steuerpflichtigen Körperschaft. Im letzten Schritt zieht man von diesem die Sonderausgaben ab, um den steuerpflichtigen Gewinn einer Tochtergesellschaft zu erhalten.[207]

Um den Nettogewinn zu erhalten, muss der steuerpflichtige Gewinn um die anfallenden Steuern gemindert werden. Dabei werden die langfristigen Veräußerungsgewinne von den steuerpflichtigen Gewinnen abgezogen und gesondert besteuert. Der einfache Grund hierfür ist, dass sie mit 20% einen geringeren Steuersatz aufweisen als die übrigen Einkunftsarten. Diese werden gemeinsam mit 30% besteuert.[208] Die entrichteten Zahlungen stellen die Steuerlast der Einkunftsarten dar. Hier muss die Tochtergesellschaft Zusatzsteuern abführen. Addiert man diese mit der Steuerlast der Einkunftsarten auf, so erhält man die Gesamtsteuerlast einer Tochtergesellschaft. Die Differenz zwischen dem steuerpflichtigen Gewinn und der Gesamtsteuerlast einer Tochtergesellschaft ist der Gewinn.[209]

Die Vorgehensweise für die Ermittlung des steuerpflichtigen Einkommens und des Nettoeinkommens wird in Tabelle 6 dargestellt.

---

[206] Vgl. Abschnitt 2.8.
[207] *Sury*, Fiscal Policy Developments in India 1947 to 2007, 2007, 200f.; *PricewaterhouseCoopers*, India Master Tax Guide, 2007, 18.
[208] *Ernst&Young*, The 2008 worldwide corporate tax guide, 2008, 381ff.
[209] *PricewaterhouseCoopers*, India Master Tax Guide, 2007, 18.

Tabelle 6: Ermittlung des steuerpflichtigen Einkommens und des Nettogewinnes

	INR	INR
Einkünfte nach GuV		10.000.000
+ handelsrechtliche Abschreibungen	1.000.000	
+ nicht abzigsfähige Aufwendungen	500.000	
- Steuerbefreite Einkünfte	1.000.000	
- Steuerrechtliche Abschreibungen	800.000	
- abziehbare Aufwendungen	4.000.000	
= **Einkünfte aus Gewerbebetrieb (1)**		5.700.000
Veräußerungserläse aus kurzfristigen Veräußerungsgegenständen	1.000.000	
- Aufwendungen	300.000	
= **kurzfristige Veräußerungsgewinne (2)**		700.000
Veräußerungserlöse aus langfristigen Veräußerungsgegenständen	2.500.000	
- Aufwendungen	500.000	
- spezifische Investitionen	1.000.000	
= **langfristige Veräußerungsgewinne (3)**		1.000.000
Einkünfte aus sonstigen Quellen	110.000	
- Aufwendungen	10.000	
= **Einkünfte aus sonstigen Quellen (4)**		100.000
= **Summe der Einkünfte ((1)+(2)+(3)+(4))**		7.500.000
- Verlustausgleich	1.000.000	
= **Bruttogewinn**		6.500.000
- Sonderausgaben	500.000	
= **steuerpflichtiger Gewinn (A)**		6.000.000
- Steuer auf langfristige Veräußerungsgewinne (zu 20%)	200.000	
- Steuer auf Einkommen ohne langfristige Veräußerungsgewinne	1.950.000	
= **Steuerbelastung der Einkunftsarten**		2.150.000
+ Ausbildungszuschlag (3%)	64.500	
= **Gesamtsteuerbelastung (B)**		2.214.500
= **Nettogewinn ((A)-(B))**		3.785.500

Quelle: Sury, Fiscal Policy - Developments in India 1947 to 2007.

2.10 Steuerliche Folgen in Deutschland

Bei der Ausschüttung der Gewinne an ihre deutsche Muttergesellschaft unterliegt die Tochtergesellschaft der DDT. Der daraus resultierende Steuersatz beträgt 15% zuzüglich Zusatzsteuern. In Indien wird der Steuersatz von 15% nicht durch Art. 10 Abs. 2 DBA Deutschland– Indien auf 10% reduziert.[210] Darin wurde vereinbart, dass Deutschland auf Dividenden das Besteuerungsrecht ausübt während Indien eine Quellensteuer von 10% erheben darf.[211] Aber dieser Artikel greift bei der DDT aus der indischen Perspektive nicht, weil sie zu Lasten der indischen Tochtergesellschaft und nicht zu Lasten der deutschen Muttergesellschaft erhoben wird und somit keine Quellenbesteuerung vorliegt.[212] Hierdurch verliert Art. 10 Abs. 2 DBA Deutschland- Indien an Wirkung, da ein DBA grundsätzlich kein Besteuerungsrecht erweitern darf, sondern lediglich bestätigen oder einschränken kann.[213] Es gibt darüber hinaus keine Vorschriften im DBA Deutschland- Indien, die diese Problematik bei der DDT lösen. Ein wahrscheinlicher Grund dafür könnte sein, dass die DDT erst im Jahr 1997 zur Gesellschaftssteuer geändert wurde, und während des Inkrafttretens des DBA Deutschland- Indien noch eine Gesellschaftersteuer war.[214] Grundsätzlich ist anzumerken, dass Indien bei der Auslegung von DBA in der Regel dem „Organisation for Economic Cooperation and Development" - Kommentaren folgt. Jedoch unterlässt es Indien selbst, als Nichtmitglied des OECD Kommentare über die Auslegung abzugeben.[215]

Ob der Art. 23 Abs. 1 Buchst. a DBA Deutschland- Indien hierdurch überhaupt zur Anwendung kommen würde, ist davon abhängig, ob die DDT aus deutscher Sicht eine Quellensteuer darstellt. In ihm wurde vereinbart, dass Schachteldividenden von einer indischen Tochtergesellschaft das internationale Deutschland-Indien die Freistellungsmethode[216] mit Progressionsvorbehalt[217] beim Transfer

---

[210] *Lavrelashvili*, PIStB 6/2007, 163,166.

[211] *Schieber*, IStR 1997, 12, 15; *Portner*, in: Becker/Höppner/Grotherr/Kroppen, DBA- Kommentar, 1998, Art.10 DBA Indien, Rz. 2.

[212] *Lavrelashvili*, PIStB 6/2007, 163, 166f.

[213] *Jain*, Cahiers de droit fiscal international 2007 (Volume 92b), 291, 298.

[214] *Strauß/Mohan*, in Debatin/Wassermeyer, DBA Kommentar, 1999, Anhang Indien, Rz. 59.

[215] *Kapur/Rawal*, Cahiers de droit fiscal international 2006 (Volume 91b), 387, 412.

[216] *Althaus*, BB 2006, 2724, 2725; *Bächle/Rupp*, Internationales Steuerrecht, 2002, 32.

[217] *Jacobs*, Internationale Unternehmensbesteuerung, 2007, 16ff.

der Schachteldividenden nach Deutschland zur Anwendung kommt.[218] Da Kapitalgesellschaften in Deutschland keiner Progression unterliegen, würden Schachteldividenden endgültig von einer Besteuerung in Deutschland ausgenommen.[219] Zur Einschätzung, ob die DDT eine Quellensteuer aus deutscher Sicht darstellt, gibt es keine offizielle Stellungnahme.

Für eine deutsche Muttergesellschaft ist die Frage, ob Art. 23 Abs. 1 Buchst. a DBA Deutschland-Indien zur Anwendung kommt oder nicht von nachrangiger Bedeutung.[220] Sie wird bereits nach innerstaatlichem Steuerrecht gemäß § 8b Abs. 1 KStG freigestellt.[221] Dies geschieht ohne Rücksichtnahme auf eine Mindestbeteiligungsquote oder eine Mindestbesitzzeit. [222]

Allerdings muss grundsätzlich beachtet werden, dass laut § 8b Abs. 5 KStG 5% des ausgeschütteten Gewinns als Betriebsausgaben fingiert werden, die nicht abgezogen werden dürfen. Dadurch wirken diese gewinnerhöhend.[223] Die Bemessungsgrundlage bildet stets der ausgeschüttete Bruttogewinn einer Tochtergesellschaft. Im Ergebnis werden die Dividenden zu 95% in Deutschland freigestellt. Eine Berücksichtigung der im Ausland gezahlten Quellensteuer als Ausgabe kommt generell nicht in Betracht, weil § 8b Abs. 1 KStG ausgeschüttete Gewinne freistellt.[224] Das hat zur Folge, dass eine anrechenbare Körperschaftsteuer vorliegt.[225] Somit stellt sich hier nicht die Frage, ob aus deutscher Perspektive die DDT eine Quellensteuer darstellt.

2.11 Exkurs: Gesellschaftsrecht

In Indien besteht die Möglichkeit bei der Gründung zwischen Personengesellschaft und Kapitalgesellschaft zu wählen. Allerdings ist die Personengesell-

---

[218] *Strauß*, in Debatin/Wassermeyer, DBA- Kommentar, 1999, Artikel 10 Indien, Rz. 31.
[219] Unternehmenssteuer Reformgesetz,: BGBl. I 2007, 1902.
[220] *Grotherr*, IWB(Grother 2000, 1697, 1697ff.
[221] *Djanani/Brähler/Lösel*, Ertragsteuern, 2006, 229f.
[222] *Pelka/Rhode*, in: Beck`sches Steuerberaterhandbuch 2008/2009, Die einzelnen Steuern, Rz. 113; *Grotherr*, IWB 2000, 1697, 1697ff.
[223] *Kessler/Schmalz/Schmidt*, DStR 2001, 1865, 1870ff.
[224] *Jacobs*, Internationale Unternehmensbesteuerung, 2007, 60f.
[225] *Wilke*, Lehrbuch Internationales Steuerrecht, 2006, Rz. 252; *Rajaram/Baxi*, BNA International 2007, 15, 15.

schaft aufgrund ihrer Beschränkungen nicht weit verbreitet in Indien und für ausländische Investoren völlig uninteressant.[226] Daher wird sie an dieser Stelle nicht weiter betrachtet. Eine Kapitalgesellschaft wird im CA zunächst einmal in die zwei Kategorien „private company" und „public company" voneinander abgegrenzt. Eine „private company" ist gemäß Sec. 3 (1) (iii) CA gegeben, wenn in der Satzung einer Gesellschaft bestimmte Regelungen festgelegt sind.[227] Sie muss für das Unternehmen:

- das Recht Aktienanteile zu transferieren limitieren,

- die Anzahl der Gesellschafter auf maximal 50 beschränken,

- verbieten Aktien oder Schuldverschreibung der Öffentlichkeit anzubieten.[228]

Diese Bedingungen müssen kumulativ gelten.[229] Eine „public company" ist laut Sec. 3 (iv) CA definiert, als eine Gesellschaft die die Anforderungen von Sec. 3 (1) (iii) CA für eine „privat company" ganz oder teilweise nicht erfüllt. Die „private company" weist eine Reihe von Vorteilen gegenüber der „public company" auf. So sind beispielsweise lediglich zwei Personen für deren Gründung laut Sec. 45 CA notwendig. Im Gegensatz dazu muss die „public company" gemäß diesen Paragraphen mindestens 7 Gesellschafter aufweisen.[230] Es ist grundsätzlich nicht erforderlich, dass es sich um natürlich Personen handelt. Darüber hinaus ist sie auch von der gesetzlichen Pflicht befreit eine Hauptversammlung innerhalb der ersten 6 Monate der Gründung abzuhalten, die dagegen von der „public company" gemäß Sec. 81 (3) (c) CA verlangt wird.

Die wichtigsten Formen der Kapitalgesellschaften sind die „Company Limited by Shares" und „Company Limited by Guarantee" die wiederum in Form einer „private company" oder „public company" vorkommen können.[231] Der Unterschied besteht darin, dass die Erste gemäß Sec. 12 (2) (a) CA die Haftung für die

---

[226] *Strauß*, in Debatin/Wassermeyer, DBA- Kommentar, 1999, Artikel 1 Indien, Rz. 22f; *Lavrelashvili*, PIStB 6/2007, 163, 163.

[227] *Huynh-Ngoc*, Steuerplanung bei Wirtschaftsaktivitäten deutscher Unternehmen in Indien, 2000, 68f.

[228] *Ernst&Young India*, Tax and Business Guide: Doing Business in India, 2005, 97.

[229] *Plett/Welling:*, in IWB 1987, Fach 6, Gesellschaftsrecht, Gruppe 3, 25, 27; *Huynh-Ngoc*, Steuerplanung bei Wirtschaftsaktivitäten deutscher Unternehmen in Indien, 2000, 68ff.

[230] *Plett/Welling*, in IWB 1985, Fach 6, Joint-Venture-Besteuerung, Gruppe 2, 31, 32; *Plett/Welling*, in IWB 1987, Fach 6, Organisation der Kapitalgesellschaft, Gruppe 3, 31, 32.

[231] *Plett/Welling*, in IWB 1985, Fach 6, Joint-Venture-Besteuerung, Gruppe 2, 31, 31.

„Private Limited Company by Shares" bzw. für die „Public Limited by Shares"
auf das gezeichnete Kapital beschränkt. Und die Zweite nach Sec. 12 (2) (b) CA
für die „Private Company Limited by Guarantee" bzw. für die „Public Company
Limited by Guarantee" die Haftung auf den im Gesellschaftsvertrag festgelegten Höchstbetrag begrenzt.[232] Somit ähnelt eine „Public Limited Company by
Shares" eine deutschen Aktiengesellschaft und die „Private Company Limited
by Guarantee" einer deutschen Gesellschaft mit beschränkter Haftung.[233]

2.12 Zwischenfazit

Bezüglich der steuerlichen Behandlung gibt es innerhalb des ITA nur wenige Sonderregelungen die ausschließlich für die Tochtergesellschaft gelten. Sie betreffen die Gründungs- und Erweiterungsaufwendungen und
die DDT. Problematisch ist dabei die abkommensrechtliche Behandlung
der DDT in Deutschland. Außerdem kann es aufgrund steuerrechtlicher
Vorschriften in Indien bei mehrstufigen Unternehmen zu einem sog. Kaskadeneffekt kommen.[234] Dies ist bei der Ausgestaltung einer Zwischenholding zu berücksichtigen. Neben dieser gängigen Besteuerung einer
Körperschaft sind in Indien weitere Sonderformen der Unternehmensbesteuerung zu beachten. So unterliegen Unternehmen zusätzlich der Vermögensteuer, der FBT und der MAT. Die Vermögensteuer ist dabei für
deutsche Investoren aufgrund ihres eingeschränkten Anwendungsbe-
reichs von nachrangiger Bedeutung. Die FBT stellt eine außergewöhnli-
che Form der Besteuerung dar. Sie besteuert einerseits die tatsächlichen
Lohn- und Gehaltsleistungen auf Ebene der Gesellschaft und andererseits

---

[232] *Plett/Welling*, in IWB 1985, Fach 6, Joint-Venture-Besteuerung, Gruppe 2, 31, 31 ff.; *Ernst&Young India*,
Tax and Business Guide: Doing Business in India, 2005, 97 f.
[233] *Müller*, IStR 1993, 462, 462; Grotherr, in IWB 1997, Fach 6, Doppelbesteuerung - Deutsch-indische
Geschäftsbeziehungen auf der Grundlage des neuen DBA, Gruppe 2, 59, 69; Strauß/Mohan, in
Debatin/Wassermeyer, DBA Kommentar, 1999, Anhang Indien, Rz. 18; Ernst&Young, Steuern Transparent
– Steuern in Indien, 2007, 10 f.
[234] *Chopra/Nayak*, Cahiers de droit fiscal international 2003 (Volume LXXXVIIIa), 459, 462;
PricewaterhouseCoopers, India Master Tax Guide, 2007, 431 ff.

auch geschäftsbedingte Ausgaben wie z. B. Geschäftsreisen.[235] Der Anwendungsbereich der MAT beschränkt sich auf Fälle in denen 10% des Handelsbilanzgewinns größer sind als 30% des steuerpflichtigen Gewinns zuzüglich der Zusatzsteuern. Sie ist ein Beleg für die Inkonsistenz des ITA. Einerseits erlaubt das indische Steuerrecht steuerliche Aufwendungen vom Gewinn abzuziehen, andererseits wird diese Gestaltungsmöglichkeit durch die MAT wieder eingeschränkt.

Eine weitere Besonderheit des indischen Steuerrechts besteht darin, dass eine Körperschaft innerhalb der Einkunftsarten besteuert wird unter die auch natürliche Personen fallen.[236]

---

[235] *PricewaterhouseCoopers*, India Master Tax Guide, 2007, 458ff.
[236] *Govind*, IStR, 1995, 423, 424.

3 Steuerliche Belastungen der Betriebstätte

3.1 Definition der Betriebstätte

3.1.1 Nach rein nationalem Recht

Eine Betriebsstätte ist eine Form von unternehmerischer Auslandsbetätigung, die über eine feste Geschäftseinrichtung abgewickelt wird.[237] Aus organisatorischer Sicht bildet sie eine rechtliche Einheit aber keine wirtschaftliche Einheit mit dem Stammhaus.[238] Sie wird laut CBDT als separate Einheit in Indien besteuert.[239]

Im indischen Steuerrecht ist die Betriebstätte nicht definiert.[240] Es wurde zwar im Veranlagungsjahr 2002 der Begriff der Betriebstätte im indischen Steuerrecht eingeführt, jedoch darf diese Definition in Sec. 92F (iiia) ITA nur für die Ermittlung von Verrechnungspreisen herangezogen werden.[241] Sie ähnelt der Betriebsstättendefinition des *OECD Musterabkommens 2008 zur Vermeidung der Doppelbesteuerung auf dem Gebiet der Steuern vom Einkommen und vom Vermögen*.[242] Deutsche Betriebstätten erzielen ihre Einkünfte in Zusammenhang mit einer „business connection"[243] und werden vom Gesetzgeber als ausländische Gesellschaft bezeichnet. Diese Organisationsform ist definiert als eine Körperschaft, bei der es sich nicht um eine inländische Gesellschaft handelt.[244] Folglich erfüllen deutsche Betriebstätten die Kriterien von Sec. 6 (3) ITA für die Ansässigkeit nicht.[245] Sie werden als nicht ansässige Betriebe laut Sec. 5 (2) ITA nur mit ihren Einkünften aus indischen Quellen besteuert.[246] Außerdem

---

[237] *Baranowski*, Besteuerung von Auslandsbeziehungen, 1996, 437.

[238] *Kamath*, Tax Notes International April 2004 (Volume 34), 13, 14; *Baranowski*, Besteuerung von Auslandsbeziehungen, 1996, 2f.

[239] Circular no. 649 dated 31 March 1993; Circular no. 740 dated 17 April 1996.

[240] *Rawal*, Tax Notes International 2004, 1003, 1003; *Winkler*, Indien, in Mennel/Förster, Steuern in Europa, Amerika und Asien, 2008, Rz. 202.

[241] *Rawal*, Tax Notes International 2004, 1003, 1003; *Winkler*, Indien, in Mennel/Förster, Steuern in Europa, Amerika und Asien, 2008, Rz. 202.

[242] *Kapur/Rawal*, Cahiers de droit fiscal international 2006 (Volume 91b), 387, 387f.

[243] *Santhanam*, Double Taxation Avoidance Agreement, 2006, 144 ff.

[244] *Goyal/Ostwal*, Cahiers de droit fiscal international 2006 (Volume 91a),297, 297.

[245] *Mane*, Tax Notes International 2007, 456, 457f; *Misra*, Cahiers de droit fiscal international 1998 (Volume LXXXIIIb), 401, 403. Vgl. Abschnitt 2.2.

[246] *Ernst&Young*, Steuern Transparent – Steuern in Indien, 2007, 15; *Ernst&Young India*, Tax and Business Guide: Doing Business in India, 2005, 107.

fällt bei beschränkt Steuerpflichtigen ausschließlich ihr in Indien gelegenes Vermögen unter die Vermögenssteuer nach Sec. 6 WTA.[247]

3.1.2 „business connection"

Nicht ansässige Unternehmen müssen gemäß Sec. 5 (2) ITA i. V. m. Sec. 9 (1) (i) ITA ihre in Indien entstandenen oder erwirtschafteten Einkünfte besteuern, wenn sie direkt oder indirekt aus einer „business connection" resultieren.[248] Die „business connection" ist im Steuerrecht nicht definiert.[249] Lediglich für die Begriffsbestimmung eines ständigen Vertreters wurde im Jahr 2003 zum ersten Mal die „business connection" vom Gesetzgeber in Explanation 2 zu Sec.9 (1) (i) ITA definiert.[250] Um darüber hinaus Beispiele für eine „business connection" zu erhalten, muss auf die Rechtsprechung zurückgegriffen werden.[251] Dabei hat das Gerichtswesen eine ganze Reihe von Anknüpfungsmerkmalen in unterschiedlichen Entscheidungen festgelegt, um zu klären ob eine „business connection" im Sinne von Sec. 9 (1) (i) ITA vorliegt. Einige dieser Kriterien lauten:

- Es muss eine enge und reale Verbindung bestehen zwischen den Handlungen von nicht ansässigen Gesellschaften und ihren Aktivitäten in Indien.[252]

- Die „business connection" muss zur Einkommenserzielung der ausländischen Gesellschaft in Indien beitragen.[253]

- die Beziehung zwischen der ausländischen Gesellschaft und dem Steuerpflichtigen muss von Dauer sein.[254]

In Sec.10 (6) (vi) (a) ITA wird zudem darauf hingewiesen, dass eine „business connection" vorliegt, wenn sich eine ausländische Gesellschaft im Handel oder in Indien engagiert. Da es keine Definition zum Wort Engagement im indischen

---

[247] *Sury*, Fiscal Policy Developments in India 1947 to 2007, 2007, 235.

[248] *Palwe*, Tax Notes International 2004, 145, 145; *Mane*, Tax Notes International, 2008, 38, 38.

[249] *Santhanam*, Double Taxation Avoidance Agreement, 2006, 37.

[250] *Kamath*, Tax Notes International 2004, 799, 800; *Santhanam*, Double Taxation Avoidance Agreement, 2006, 137; *Rao*, Tax Notes International 2008, 75, 76.

[251] *Santhanam*, Double Taxation Avoidance Agreement, 2006, 37, 44ff. *Winkler*, Indien, in Mennel/Förster, Steuern in Europa, Amerika und Asien, 2008, Rz. 202,

[252] CIT v. R.D. Aggarwal & CO. (1965) 56 ITR 20 (SC).

[253] CIT v. R.D. Aggarwal & CO. (1965) 56 ITR 20 (SC).

[254] CIT v. Fried Krupp Industries (1981) 128 ITR 27 (Mad).

Steuerrecht gibt, ist eine weit gefasste Auslegung dieses Wortes durch die indische Steuerbehörde möglich. So kann eine Betriebstätte ein Engagement z.B. ausüben, wenn sie an Aktivitäten in Indien beteiligt ist oder sich verpflichtet hat geschäftlich in Indien tätig zu werden.[255]

Aufgrund von zahlreichen Anknüpfungsmerkmalen ist der Begriff „business connection" so weit gefasst, dass im Prinzip alle Einkommen von ausländischen Unternehmen, die aus indischen Quellen stammen oder die in Beziehung mit Indien stehen, eingeschlossen werden.[256] So können zum Beispiel Geschäftstransaktionen mit einer Zweigniederlassung, die technische Beratung von indischen Unternehmen, die Unterhaltung einer Repräsentanz, eine finanzielle Verflechtung mit einem ausländischen Unternehmen und die Beschäftigung eines ständigen Vertreters eine „business connection" im Sinne von Sec. 5 (2) ITA i.V.m. Explanation 2 Sec. 9 (i) ITA darstellen, wenn diese Aktivitäten in Indien stattfinden.[257] Hierbei muss beachtet werden, dass im indischen Steuerrecht jeder einzelne Fall nach den Gesamtumständen beurteilt wird.[258] Um die Besteuerung einer „business connection" einzuschränken, werden vom CBDT einige Einkünfte aus ihren Tätigkeiten als nicht in Indien entstanden oder aufgelaufen betrachtet. Die Ausnahmen bestehen nach Explanation 1 zu Sec. 9 (1):

(a) für Geschäfte, die durchweg im Ausland getätigt werden,

(b) für die Produktion eines Kinofilms,

(c) für das Zusammentragen von Informationen und Meinungen für die mediale Verbreitung im Ausland und

(d) für den Kauf von Gütern, die für den Export bestimmt sind.

Trotz dieser Einschränkungen ist die „business connection" wesentlich weiter gefasst, als die Betriebstättendefinition im Doppelbesteuerungsabkommen, die Indien mit anderen Ländern und Deutschland abgeschlossen hat.[259]Für deutsche Betriebstätten ist das Steuerkonzept der „business connection" nur selten von Bedeutung, weil in dem wichtigen Fall „CIT v. Visakhapatanam Port Trust

---

[255] *Strauß/Mohan*, in Debatin/Wassermeyer, DBA Kommentar, 1999, Anhang Indien, Rz. 56.

[256] *Dave/Nayak*, Chahiers de droit fiscal international 2005 (Volume 90a), 339, 350f.

[257] *PricewaterhouseCoopers*, India Master Tax Guide, 2007, 26ff.

[258] *Huynh-Ngoc,* Steuerplanung bei Wirtschaftsaktivitäten deutscher Unternehmen in Indien, 2000, 93; *Santhanam*, Double Taxation Avoidance Agreement, 2006, 44f.

[259] *Govind*, IStR 1997, 652, 655; *Palwe/ Kariya*, Tax Notes International 2006, 224, 224.

(1983) 144 ITR 146" entschieden wurde, dass das DBA dem nationalen Recht vorgeht. Aufgrund seiner Bedeutung, wird dieser Fall im folgenden Abschnitt dargestellt:

Ein Unternehmen aus Deutschland hatte Maschinen an die indische Gesellschaft Port Trust aus Viskahapatnam verkauft, und diesem für die Bezahlung einen Lieferantenkredit eingeräumt. Zudem hat sich das deutsche Unternehmen verpflichtet, die Maschinen in Indien zu installieren. Dafür hatte es eigene Ingenieure nach Indien entsandt. Diese wurden für ihre Arbeit von Port Trust bezahlt. Das Gericht hatte zu entscheiden, ob die Hilfstätigkeit der Deutschen eine „business connection" darstellt. Es kam zum Entschluss, dass die Aufbauhilfe keine Steuerpflicht nach Sec. 9 (1) (i) ITA begründet. Zudem beschloss das Gericht, dass auch wenn eine „business connection" vorliegen würde, das DBA zwischen Deutschland und Indien einen „overriding effect" auf das nationale Recht ausüben würde. Nach Auffassung des Richters bei diesem Prozess, stellte die Arbeit von den Ingenieuren keine Betriebstätte laut DBA Deutschland- Indien[260] dar, weil ihre Tätigkeit nicht auf Dauer angelegt war. Sie hätte mindestens 6 Monate andauern müssen. Diese Entscheidung bedeutete für die entsandten Arbeiter aus Deutschland, dass sie ihre Einkünfte in Indien nicht versteuern mussten.

Die indische Regierung ist gemäß Sec. 90 ITA berechtigt mit anderen Ländern ein DBA abzuschließen.[261] Vom CBDT wurde ausdrücklich für diesen Paragraphen bestimmt, dass bei unterschiedlichen Regelungen zwischen DBA und dem indischen Steuerrecht, grundsätzlich die Bestimmung des jeweiligen Abkommens Vorrang hat.[262] Trotz alledem kann es zum Beispiel zur Steuerpflicht nach Sec. 9 (1) (i) ITA kommen, wenn aufgrund eines zu geringen Streitwertes der Rechtsweg unwirtschaftlich ist oder der Verwaltungsaufwand bei einem Verständigungsverfahren

---

[260] *Jonas*, in IWB 1986, Fach 6, Steuerrecht – Änderungen durch Revision des DBA, Gruppe2, 43, 43ff.
[261] *Kapur/Rawal*, Cahiers de droit fiscal international 2006 (Volume 91b), 387, 387; *Bender*, Tax Notes International, 2004, 1002, 1002.
[262] Circular no 621 dated 19 December 1991; *Govind*, INTERTAX 2003, 79, 80.

nach Art. 25 DBA Deutschland- Indien für zu hoch erachtet wird.[263] Außerdem ist zu beachten, dass für einen Steuerpflichtigen die nationalen Regelungen gelten, wenn diese günstiger sind als die Bestimmungen im DBA Deutschland- Indien.[264]

3.1.3 DBA Deutschland-Indien

3.1.3.1 Begriffsbestimmung

Am 19. Juni 1995 wurde zwischen der Bundesrepublik Deutschland und Indien ein neues Doppelbesteuerungsabkommen abgeschlossen. Aufgrund der fehlenden Definition des Betriebstättenbegriffs im indischen Steuerrecht gilt die Betriebstättendefinition nach Art. 5 DBA Deutschland- Indien ohne Einschränkungen.[265] Gemäß Art. 5 Abs.1 DBA Deutschland- Indien ist eine Betriebstätte eine feste Geschäftseinrichtung, durch welche die Tätigkeit eines Unternehmens ganz oder teilweise ausgeübt wird.[266] Die Auslegung des Betriebstättenbegriffs im DBA Deutschland- Indien folgt in der Regel immer derjenigen des OECD- MA 2008.[267] Folglich setzt der Betriebstättenbegriff drei zentrale Punkte voraus:

1) Das Bestehen einer Geschäftseinrichtung, d. h. einer Einrichtung wie Räumlichkeiten in gewissen Fällen maschineller Anlagen oder Ausrüstungen,

2) die Geschäftseinrichtung muss fest sein, d.h. sie muss sich an einem bestimmten Ort für eine gewisse Dauer befinden,

3) das Unternehmen muss seine Tätigkeit durch die feste Geschäftseinrichtung ausüben.[268]

---

[263] *Misra*, Cahiers de droit fiscal international 1998 (Volume LXXXIIIb), 401, 410.

[264] *Govind*, IStR 1995, 423, 428.

[265] *Rawal*, Tax Notes International 2004, 1003, 1003.

[266] *Sheppard*, Tax Notes International 2006, 1096, 1099f.

[267] *Kapur/Rawal*, Cahiers de droit fiscal international 2006 (Volume 91b), 387, 401; *Görl*, in: Vogel/Lehner, DBA-Kommentar, 2008, Artikel 5, Rz. 8; *Grotherr*, in IWB 1997, Fach 6, Doppelbesteuerung - Deutschindische Geschäftsbeziehungen auf der Grundlage des neuen DBA, Gruppe 2, 59, 64f.

[268] *Govind*, IStR 1997, 652, 654.

3.1.3.2 Betriebsstättenbeispiel

Im Art. 5 Abs. 2 DBA Deutschland- Indien bzw. Art. 5 Abs. 3 DBA Deutschland-Indien werden einige Beispiele für Betriebstätten eingeführt.[269] Die folgenden 5 Beispiele stimmen sowohl nach DBA Deutschland- Indien, als auch nach dem OECD- MA exakt überein.[270] So wird eine Betriebstätte gemäß Art. 5 Abs. 2 DBA Deutschland- Indien definiert als·

(a) ein Ort der Leitung,

(b) eine Zweigniederlassung,

(c) eine Geschäftsstelle,

(d) eine Fabrikationsstätte, oder

(e) eine Werkstatt.[271]

Auch deren Auslegung folgt in Indien den gleichen Maßstäben, wie im OECD-MA.[272] Nachfolgende Beispiele hingegen begründen lediglich im Sinne des DBA Deutschland- Indien eine Betriebstätte. Laut Art. 5 Abs. 2 DBA Deutschland-Indien ist eine Betriebstätte also zusätzlich definiert als:[273]

(f)   ein Bergwerk, ein Öl- oder Gasvorkommen, ein Steinbruch oder eine andere Stätte der Ausbeutung von Bodenschätzen, einschließlich der für die Erforschung und Ausbeutung erforderlichen Einrichtungen und Vorrichtungen,

(g)   ein Lager oder eine Verkaufseinrichtung,

(h)   eine Farm, eine Plantage oder ein anderer Ort, an dem eine landwirtschaftliche, forstwirtschaftliche, plantagen-wirtschaftliche oder verwandte Tätigkeit ausgeübt wird und

(i)   eine Bauausführung oder Montage oder eine damit zusammenhängende Aufsichtstätigkeit, wenn ihre Dauer sechs Monate überschreitet.

---

[269] *Strauß*, in Debatin/Wassermeyer, DBA- Kommentar, 1999, Artikel 5 Indien, Rz. 39.
[270] *Görl*, in: Vogel/Lehner, DBA-Kommentar, 2008, Artikel 5, Rz. 39ff.
[271] *Rawal*, Tax Notes International 2004, 1003, 1003;
[272] *Görl*, in: Vogel/Lehner, DBA-Kommentar, 2008, Artikel 5, Rz. 7ff.
[273] *Schieber*, IStR 1997,12, 14; *Govind*, IStR 1997, 652, 654; *Palwe*, Tax Notes International 2004, 697, 697.

Die Unterschiede zum DBA- MA lauten wie folgt. Bezüglich des Buchstaben (f) werden im DBA Deutschland- Indien auch Explorationsstätten als Betriebstätte definiert, insofern diese die allgemeine Betriebstättendefinition erfüllen. Im Gegensatz zum OECD- MA wird nach dem DBA Deutschland- Indien ein Lager ausdrücklich als Betriebstättenbeispiel erwähnt.[274] Allerdings können aufgrund der Gegenausnahme in Art. 5 Abs. 4 Buchst. a DBA Deutschland- Indien hier nur solche Lager gemeint sein, die vom Lagerhalter gegen Entgelt Dritten überlassen oder für diese betrieben werden. Buchst. (h) findet im DBA-MA keinerlei Berücksichtigung.[275] Bezüglich einer Bauausführung oder Montage wirkt nach DBA Indien- Deutschland bereits jegliche Aufsichtstätigkeit bei Zeitdauer von mehr als 6 Monaten betriebsstättenbegründend.[276] In OECD-MA werden Tätigkeiten aus Montage und Bauausführung erst nach 12 Monaten als Betriebstätte qualifiziert.[277]Und laut Musterabkommen ist für die Begründung eine Aufsicht des Generalunternehmers notwendig.[278]

Nach Art. 5 Abs. 3 DBA Indien- Deutschland wird ein Unternehmen auch dann schon so behandelt als habe es in einem Vertragsstaat eine Betriebsstätte, wenn es im Zusammenhang mit der Prospektion oder Förderung von Erdöl in dem Staat Dienstleistungen erbringt, Einrichtungen vorhält oder für die Prospektion bzw. Förderung eingesetzte oder einzusetzende Anlagen und Maschinen verleiht.[279]

Neben den Betriebstättenbeispielen gibt es ebenso einen Negativkatalog der in demArt.5 Abs.4-7 DBA Deutschland-Indien definiert ist. Dieser beschreibt was nicht als Betriebstätte anzusehen ist. So werden beispielsweise nach Art.5 Abs.4 Buchstabe feste Geschäftseinrichtung die lediglich Information sammeln oder Güter und Waren für den Export einkaufen nicht als Betriebstätte qualifiziert.[280]

---

[274] *Govind*, IStR 1997, 652, 654; *Görl*, in: Vogel/Lehner, DBA-Kommentar, 2008, Artikel 5, Rz. 51ff.
[275] *Görl*, in: Vogel/Lehner, DBA-Kommentar, 2008, Artikel 5, Rz. 16f.
[276] *Plett/Welling*, in IWB 1985, Fach 6, Joint-Venture-Besteuerung, Gruppe 2, 31, 41; *Govind*, IStR 1997, 652, 654; *Strauß*, in Debatin/Wassermeyer, DBA- Kommentar, 1999, Artikel 5 Indien, Rz. 19.
[277] *Strauß*, in Debatin/Wassermeyer, DBA- Kommentar, 1999, Artikel 1 Indien, Rz. 12.
[278] *Schieber*, IStR 1997,12, 15; *Görl*, in: Vogel/Lehner, DBA-Kommentar, 2008, Artikel 5, Rz.58ff.
[279] *Strauß*, in Debatin/Wassermeyer, DBA- Kommentar, 1999, Artikel 5 Indien, Rz. 35.
[280] Art. 5 Abs. 4-7 DBA Deutschland- Indien. Vgl. *Ossola- Haring/Ruh*, Wachstumsmarkt Indien: Das Investitionshandbuch für Unternehmen und deren Berater, 2008, 188; *Govind*, IStR 1997, 652, 654.

3.2 Gewinnermittlung nach DBA Deutschland-Indien

In Art. 7 DBA Deutschland- Indien ist die Vorgehensweise für die Ermittlung des Betriebstättenerfolges festgelegt.[281] In Art. 7 Abs. 1 DBA Deutschland-Indien ist bestimmt, dass nur Gewinne von Betriebstätten in Indien besteuert werden, die sich ihr zuordnen lassen. Der Artikel enthält also einen sogenannten Betriebstättenvorbehalt.[282] Hierbei besteht die besondere Problematik darin, dass der Gewinn zwischen dem deutschem Stammhaus und der Betriebstätte aufgeteilt werden muss.[283] Die Definition stimmt wörtlich mit der des OECD-MA überein.[284] Abweichungen zum OECD- MA ergeben sich auch nicht durch Nr. 1 Buchst. c des Protokolls zum DBA Deutschland- Indien. Danach dürfen Warendirektgeschäfte den Gewinnen der Betriebstätte zugerechnet werden, wenn die Transaktion durchgeführt wurde, um die Besteuerung in Indien zu vermeiden und die Betriebsstätte gemäß Nr. 1 Buchst. c des Protokolls zum DBA Deutschland- Indien in irgendeiner Weise daran beteiligt war. Der CBDT ist verpflichtet nachzuweisen das beide Tatbestände gleichzeitig vorliegen. Es ist nur eine Klarstellung, dass das DBA Deutschland- Indien kein Attraktionsprinzip[285] enthält.[286]

Die Art. 7 Abs. 2, 3 und 4 DBA Deutschland- Indien bestimmen dabei die allgemeinen Grundsätze für die Berechnung des Gewinnes in Indien. So ist nach Art. 7 Abs. 2 DBA Deutschland- Indien die direkte Methode anzuwenden. Hierbei folgt dieser Artikel dem Wortlaut im OECD- MA.[287] Dementsprechend werden der Betriebsstätte die Gewinne zugerechnet, die sie hätte erzielen können wenn sie eine gleiche oder ähnliche Tätigkeit unter den gleichen oder ähnlichen Bedingungen als selbständiges Unternehmen ausgeübt hätte und im Verkehr mit

---

[281] *Viswanathan*, Tax Planning International Review BNA November 2004 (Volume 46), 18, 18.

[282] *Kroppen*, in: Becker/Höppner/Grotherr/Kroppen, DBA- Kommentar, 1998, Art.7 DBA Indien, Rz. 1; *Palwe*, Tax Notes International 2004, 697, 697.

[283] *Fischer/Kleineidam/Warneke*, Internationale Betriebswirtschaftliche Steuerlehre, 2005, 57.

[284] *Kroppen*, in: Becker/Höppner/Grotherr/Kroppen, DBA- Kommentar, 1998, Art.7 DBA Indien, Rz. 25; *Strauß*, in Debatin/Wassermeyer, DBA- Kommentar, 1999, Artikel 7 Indien, Rz. 2, *Viswanathan*, Tax Planning International Review BNA November 2004 (Volume 46), 18, 18; *Hemmelrath*, in: Vogel/Lehner, DBA-Kommentar, 2008, Artikel 7, Rz. 2.

[285] *Kluge*, Das Internationale Steuerrecht, 2000, 774; *Hemmelrath*, in: Vogel/Lehner, DBA-Kommentar, 2008, Artikel 7, Rz. 48.

[286] *Strauß*, in Debatin/Wassermeyer, DBA- Kommentar, 1999, Artikel 7 Indien, Rz. 40.

[287] *Strauß*, in Debatin/Wassermeyer, DBA- Kommentar, 1999, Artikel 7 Indien, Rz. 2; *Hemmelrath*, in: Vogel/Lehner, DBA-Kommentar, 2008, Artikel 7, Rz. 73f.

dem Unternehmen, dessen Betriebstätte sie ist, völlig unabhängig wäre. Diese Methode wird als dealing- at- arm`s -length- Prinzip bezeichnet.[288] Es erfordert die Bilanzierung und Buchführung von einer Betriebstätte in Indien.[289] Die einzige Ausnahme zum OECD- MA stellt Nr. 1 Buchst. e des Protokolls zum DBA Deutschland – Indien dar. In ihm wurde vereinbart, dass Zinsen technischer Dienstleistung nicht zwischen Stammhaus und Betriebstätte verrechnet werden dürfen.[290]

In Art. 7 Abs. 3 DBA Deutschland- Indien wird bestimmt das bei der Gewinnermittlung die Aufwendungen abgezogen werden, die nach indischem Recht ermittelt wurden. Das schließt die Geschäfts- und Verwaltungskosten mit ein. Es müssen auch Aufwendungen zum Abzug zugelassen werden, wenn sie außerhalb Indiens entstanden sind. Der Artikel folgt zwar wörtlich der Definition in OECD – MA es kommt aber zu inhaltlichen Abweichungen.[291] Die Geschäfts- und Verwaltungskosten in Indien sind nur begrenzt abzugsfähig.[292]

Die Besonderheit im indischen Steuerrecht besteht darin, dass Betriebstätten in der Regel unter die gleichen Gewinnermittlungsvorschriften fallen wie Tochtergesellschaften. Sind bezüglich der Besteuerung der beiden Besonderheiten zu berücksichtigen, so ist dies in den Gesetzen ausdrücklich festgelegt. Kommt es innerhalb des Gesetzes zu Sonderregelungen hinsichtlich der Tochtergesellschaften, so ist in den Gesetzen bestimmt, dass diese nur für inländische Gesellschaften oder ansässige Personen gelten. Gibt es Abweichungen bezüglich der Besteuerung einer Betriebstätte, so ist in den Vorschriften ausdrücklich festgelegt, dass sie lediglich von nicht ansässigen Personen oder ausländischen Unternehmen anzuwenden sind.[293]

Der Art. 7 Abs. 4 DBA Deutschland – Indien weicht vom OECD- MA ab.[294] Hier wird die Möglichkeit zur Ermittlung des Gewinnes durch die indirekte Methode

---

[288] *Wilke*, Lehrbuch Internationales Steuerrecht, 2006, Rz. 12; *Palwe*, Tax Notes International 2004, 697, 697f; *Santhanam*, Double Taxation Avoidance Agreement, 2006, 556ff.; *Mitra/Tolia*, Tax Planning International Review BNA July 2007 (Volume 34), 12, 14.

[289] *Rao/Nayak*, Tax Notes International 2004, 713, 716f.

[290] *Strauß*, in Debatin/Wassermeyer, DBA- Kommentar, 1999, Artikel 7 Indien, Rz. 1692ff.

[291] *Strauß*, in Debatin/Wassermeyer, DBA- Kommentar, 1999, Artikel 7 Indien, Rz. 2; *Viswanathan*, Tax Planning International Review BNA November 2004 (Volume 46), 18, 19; *Kapur/Rawal*, Cahiers de droit fiscal international 2006 (Volume 91b), 387, 397.

[292] Vgl. Abschnitt 3.4.2.

[293] *Kapur/Rawal*, Cahiers de droit fiscal international 2006 (Volume 91b), 387, 411.

[294] *Strauß*, in Debatin/Wassermeyer, DBA- Kommentar, 1999, Artikel 7 Indien, Rz. 2; *Hemmelrath*, in: Vogel/Lehner, DBA-Kommentar, 2008, Artikel 7, Rz.133.

eingeschränkt.[295] Bei dieser Methode wird anhand einer Schlüsselgröße, wie zum Beispiel Umsatz oder Personalkosten, der Gewinn zwischen Betriebstätte und Stammhaus aufgeteilt.[296] Sie ist nur anzuwenden, wenn die direkte Methode nach Art. 7 Abs. 2 DBA Deutschland- Indien in besonders gelagerten Fällen nicht anwendbar oder mit unzumutbaren Schwierigkeiten verbunden ist.[297] Hier hat eine Aufteilung des Gesamtgewinnes durch eine angemessene Schätzung zu erfolgen.[298]

3.3 Effektive Steuersätze

Die Betriebstätte muss nach dem „Finance Act" von 2008 als nicht ansässige Gesellschaft die Einkünfte aus Gewerbebetrieb, die kurzfristigen Veräußerungsgewinne und die Einkünfte aus sonstigen Quellen mit 40% besteuern.[299] Bei den langfristigen Veräußerungsgewinnen beträgt der Steuersatz danach 20%. Unterliegen kurzfristige Veräußerungsgewinne bzw. langfristige Veräußerungsgewinne der Börsenumsatzsteuer, so beträgt der Steuersatz 15% für kurzfristige Veräußerungsgewinne und langfristige Veräußerungsgewinne werden von der Steuer befreit.[300]

Die Einkommensteuern FBT und MAT[301] werden mit 30% bzw. 10% besteuert. Zusätzlich werden auf die Einkommenssteuern ein Zuschlag von 2,5% und ein Ausbildungszulage von 3% erhoben.[302] Der Zuschlag wird bei den Einkunftsarten und bei der MAT nach dem „Finance Act" von 2008 nur erhoben, wenn der Gewinn über 10 Mio. INR liegt. Hier raus ergeben sich laut „Finance Act" von 2008 die folgenden effektiven Steuersätze:

---

[295] *Schieber*, IStR 1997,12, 15.
[296] *Ossola- Haring/Ruh*, Wachstumsmarkt in Indien: Das Investitionshandbuch für Unternehmen und deren Berater, 2008, 170; Scheffler, Besteuerung der grenzüberschreitenden Unternehmenstätigkeit, 1995, 41.
[297] *Strauß*, in Debatin/Wassermeyer, DBA- Kommentar, 1999, Artikel 7 Indien, Rz. 44; *Grotherr*, in IWB 1997, Fach 6, Doppelbesteuerung - Deutsch-indische Geschäftsbeziehungen auf der Grundlage des neuen DBA, Gruppe 2, 59, 68.
[298] *Grotherr*, in IWB 1997, Fach 6, Doppelbesteuerung - Deutsch- indische Geschäftsbeziehungen auf der Grundlage des neuen DBA, Gruppe 2, 935.
[299] *Ernst&Young*, The 2008 worldwide corporate tax guide, 2008, 382.
[300] *Reddy*, BNA International 2007, 14, 15.
[301] *Kamath*, Tax Notes International 2006, 750, 752.
[302] *Rajaram/Baxi*, BNA International 2007, 15, 15.

- Einkünfte aus Gewerbetrieb, kurzfristige Veräußerungsgewinne und Einkünfte aus sonstigen Quellen werden bei Gewinnen bis 10 Million INR mit 41,2% besteuert. Gewinne über 10 Million INR werden mit 42,23% veranlagt.
- Langfristige Veräußerungsgewinne werden mit 20,6% bei Gewinnen bis 10 Million INR besteuert. Liegen die Gewinne über 10 Million INR, wird ein Steuersatz von 21,115% erhoben.
- Der Steuersatz bei der FBT beträgt 31,675%.
- Bei der MAT wird bei Gewinnen nach Sec. 115 JB (1) ITA bis 10 Million INR ein Steuersatz von 10,3% erhoben. Er beträgt 10,56% bei Buchgewinnen über 10 Million INR.[303]

3.4 Einkünfte aus Gewerbebetrieb

3.4.1 Abschreibungen

Werden abschreibungsfähige Güter im Sinne von Sec. 32 ITA von einem Stammhaus an ihre indische Betriebstätte übertragen, so gelten besondere Vorschriften für die Ermittlung der Anschaffungskosten. Nach Erklärung 11 zu Sec. 43 (1) ITA müssen solche Vermögenswerte mit dem Abschreibungswert angesetzt werden, der sich ergeben hätte, wenn diese Wirtschaftgüter von der Betriebstätte von Anfang an selbst gekauft worden wären.[304] Das bedeutet, dass die tatsächlichen Kosten für einen Vermögenswert von dem Stammhaus um den nach Sec. 32 ITA i. V. m. r. 5 ITR ermittelten Abschreibungsbetrag gemindert werden, bevor er in Indien in die Betriebsstätte aufgenommen wird.[305] Überträgt z. B. eine deutsche Muttergesellschaft vor einem Jahr erworbene Patentrechte im Wert von 1 Mio. INR an ihre Betriebstätte in Indien, so dürfen sie nur mit 750.000 INR angesetzt werden.[306]

---

[303] *Ernst&Young India*, Tax and Business Guide: Doing Business in India, 2005, 377 ff.
[304] *PricewaterhouseCoopers*, India Master Tax Guide, 2007, 376.
[305] *Santhanam*, Double Taxation Avoidance Agreement, 2006, 205.
[306] 1.000.000 INR*(1-0,25) =750.000 INR.

3.4.2 Geschäftsführungs- und allgemeine Verwaltungskosten bei Betriebstätten

In Artikel 7 Abs. 3 Deutschland- Indien ist ausdrücklich vereinbart worden, dass Indien die Geschäftsführungs- und allgemeinen Verwaltungskosten bei Betriebstätten nach innerstaatlichem Recht ermitteln darf. Gemäß Sec. 44 c ITA handelt sich hierbei um Kosten, die außerhalb Indiens entstanden sind. Zu diesen Aufwendungen zählen z. B. (a) Mieten, Steuern, Versicherungsprämien für Geschäftsräume im Ausland, (b) Löhne, Gehälter, Kommissionszahlungen für Beschäftigte im Ausland sowie (c) Reisekosten für Mitarbeiter im Ausland.[307] Diese Kosten können bei der Gewinnermittlung nur beschränkt abgezogen werden. In den meisten Fällen handelt es sich hierbei um Kosten, die im Geschäftsverkehr mit dem Stammhaus anfallen. So dürfen ausländische Gesellschaften nach Sec. 44 C ITA nur den niedrigeren der folgenden zwei Werte absetzen:

- Maximal 5 % des ermittelten Gesamteinkommens vor Abzug der Geschäfts- und allgemeinen Verwaltungskosten,

- die tatsächlichen Geschäfts- und allgemeinen Verwaltungskosten die aus den Geschäftsaktivitäten in Indien stammen.[308]

Die Intention des Gesetzgebers hinter dieser Regelung ist es den Betriebstätten die Möglichkeit zu nehmen, ihre Gewinne künstlich zu verringern und damit die Steuerlast in Indien zu senken.[309]

3.4.3 Besteuerung auf Basis fiktiver Gewinne von besonderen Einkünften

In Indien müssen nicht ansässige Unternehmen Einkünfte aus bestimmten Branchen auf Grundlage angenommener Gewinne besteuern. Das zu versteuernde Einkommen wird in einem festgelegten Verhältnis zum Umsatz der Betriebstätte ermittelt. So werden in den folgenden Branchen diese Berechnungsweisen angewendet:

---

[307] *Kapur/Rawal*, Cahiers de droit fiscal international 2006 (Volume 91b), 387, 390f.
[308] *Govind*, INTERTAX 2003, 79, 84; *Govind*, IStR 1995, 423, 425.; *Winkler*, Indien, in Mennel/Förster, Steuern in Europa, Amerika und Asien, 2008, Rz. 53.
[309] *Santhanam*, Double Taxation Avoidance Agreement, 2006, 776.

- Nach Sec. 44 BB ITA wird bei Betriebstätten, die in Indien technische Hilfe leisten für die Förderung von Öl und Gas, 10% ihrer Umsätze als fiktiver Gewinn besteuert.

- Nach Sec.44 BBB ITA werden 10% der Umsätze aus Tätigkeiten, die in Zusammenhang mit dem Bau von schlüsselfertigen Anlagen zur Energieerzeugung für das Unternehmen stehen, als Gewinn besteuert.[310]

Dabei werden generell nach Sec.44 BB ITA und nach Sec. 44 BBB ITA alle Zahlungen die an die Betriebsstätte geleistet werden oder zu leisten sind in oder außerhalb Indiens, als Umsatz qualifiziert.[311] Die Gesetze sind konform mit dem DBA Deutschland- Indien. So werden die Hilfsleistung für Öl und Gas nach Art.5 Abs. 2 Buchst. f DBA Deutschland- Indien als Betriebstätte und der Bau von schlüsselfertigen Anlagen für die Energieerzeugung nach Art. 5 Abs. 2 Buchst. i DBA Deutschland- Indien als Betriebstätte qualifiziert. Darüber hinaus werden gelten zwar nach Sec. 44 BBA ITA für Lufttransporte bzw. nach Sec. 44 B ITA und Sec. 172 ITA für Schifftransporte ähnlich Bestimmungen, aber nach dem Art. 8 Abs. 1 DBA Deutschland-Indien bzw. Art. 8 Abs. 1 DBA Deutschland-Indien i. V. m. Art. 8 Abs. 2 DBA Deutschland- Indien gelten diese nicht als Betriebstätten.[312]

3.5 Veräußerungsgewinne

Grundsätzlich gilt, dass nicht ansässige Unternehmen in Indien den Vorteil durch die Indexierung der Anschaffungskosten und Verbesserungskosten bei der Ermittlung der langfristigen Veräußerungsgewinne oder Veräußerungsverluste, nur eingeschränkt nutzen können.[313] So darf nach Sec. 48 ITA keine Inflations-

---

[310] *PricewaterhouseCoopers*, India Master Tax Guide, 2007, 410;
Schieber, IStR 1997, 12, 15; *Kempf*, in: Becker/Höppner/Grotherr/Kroppen, DBA- Kommentar, 1998, Art.8 DBA Indien, Rz. 4ff.; *Winkler*, Indien, in Mennel/Förster, Steuern in Europa, Amerika und Asien, 2008, Rz. 278ff.

[311] *PricewaterhouseCoopers*, India Master Tax Guide, 2007, 419f.

[312] *Strauß*, in Debatin/Wassermeyer, DBA- Kommentar, 1999, Artikel 8 Indien, Rz. 1; *Strauß/Mohan*, in Debatin/Wassermeyer, DBA Kommentar, 1999, Anhang Indien, Rz. 61f.; *PricewaterhouseCoopers*, India Master Tax Guide, 2007, 410.

[313] *Huynh-Ngoc*, Steuerplanung bei Wirtschaftsaktivitäten deutscher Unternehmen in Indien, 2000, 107.

anpassung der Aufwendungen vorgenommen werden, wenn Betriebstätten Anteile oder Schuldverschreibungen an indischen Gesellschaften veräußern. Die kurzfristigen und langfristigen Veräußerungsgewinne werden bei diesen Anlageformen zum Wechselkurs am Monatsende[314] in der einheimischen Währung errechnet.[315] Hierfür sind die erhaltenen Gegenleistungen, und die mit dem Vermögensgegenstand zusammenhängenden Aufwendungen für deutsche Betriebsstätten in Euro umzurechnen. Nach Berechnung des Veräußerungsgewinnes aus der Sicht einer ausländischen Muttergesellschaft, muss sie den Gewinn anschließend für die Besteuerung in die indische Währung rückkonvertieren.[316] Die Regelung hat die Absicht, die tatsächlichen Veräußerungsgewinne nach Berücksichtigung der Währungsschwankungen, für eine nicht ansässige Gesellschaft zu ermitteln.[317] Das folgende Beispiel soll die Intention des Gesetzgebers verdeutlichen:

Angenommen, eine deutsche Betriebstätte in Indien hat im Steuerjahr 2003-2004 Schuldverschreibungen von einer indischen Gesellschaft für 30 INR bei einem Wechselkurs von 30 INR für 1€ erworben. Diese Anlage wurde im Steuerjahr 2007-2008 von ihr für 50 INR veräußert, zu einem Wechselkurs von 50 INR für 1€. In Indien hätte die Gesellschaft, ohne Berücksichtigung von weiteren Kosten, einen Gewinn von 20 INR.[318] erzielt. Rechnet man jedoch diesen Erfolg in € um, so ergibt sich ein Veräußerungsgewinn von 0€,[319] weil durch die Abwertung der indischen Währung der Wertzuwachs der Schuldverschreibung vollständig kompensiert wurde.[320]

---

[314] Dieser spezifische Wechselkurs wird „telegraphic transfer buying rate" genannt, und seine genaue Anwendung wird in R. 115 ITR bestimmt. Vgl. *PricewaterhouseCoopers*, India Master Tax Guide, 2007, 245.

[315] *Santhanam*, Double Taxation Avoidance Agreement, 2006, 373f.

[316] *PricewaterhouseCoopers*, India Master Tax Guide, 2007, 245.

[317] *Huynh-Ngoc*, Steuerplanung bei Wirtschaftsaktivitäten deutscher Unternehmen in Indien, 2000, 107.

[318] 50 INR −30 INR=20 INR.

[319] 1€-1€=0€.

[320] Bei einem Wechselkurs von 100 INR für 1€ hätte die Betriebstätte im Steuerjahr 2007-2008 einen Veräußerungsverlust von 0,5€ bzw. 50 INR erzielt. Dieser wäre vortragbar. Vgl. *Sury*, Fiscal Policy Developments in India 1947 to 2007, 2007, 609; *PricewaterhouseCoopers*, India Master Tax Guide, 2007, 246.

3.6 Einkünfte aus sonstigen Quellen

Bei der Betriebstätte werden nach Sec.115 A ITA gewisse Einkünfte vom Gesamteinkommen abgezogen und gesondert mit unterschiedlichen Steuersätzen besteuert. Diese Ausnahme gilt nach Sec. 115 A insbesondere für:[321]

(i)   Einkünfte aus Dividenden im Sinne von Sec. 2 (22 e) ITA

(ii)   Zinsen[322] die sie von der indischen Regierung und von indischen Unternehmen in einer Fremdenwährung erhält,

(iii) Zinsen eines „Mutal Fund" im Sinne von Sec. 10 (23 D) und vom „Unit Trust of India", wenn diese in ausländischen Währungen ausgezahlt werden,

(iv)   Lizenzgebühren aus dem Vertrieb von Computer Software, wenn diese aus Indien stammen.

Nach Abzug vom Gesamteinkommen werden die Dividenden und Zinsen mit 20% und die Lizenzgebühren mit 10% aus Bruttobasis besteuert.[323] Es werden also keine Aufwendungen zum Abzug zu gelassen.[324]

3.7 Steuerliche Folgen in Deutschland

Gemäß Art. 7 Abs. 1 Satz 1 Hs. 2 DBA Deutschland- Indien i. V. m. Art. 23 Abs. 1 Buchst. a Satz 1 DBA Deutschland — Indien kommt das so genannte Betriebstättenprinzip zur Anwendung. Die Gewinne der Betriebstätte werden bei der Ausschüttung beim deutschen Stammhaus freigestellt.[325] Die Freistellung der Gewinne betrifft sowohl die Körperschaftsteuer, als auch die Gewerbesteuer, weil beide in Art. 2 Abs. 3 DBA Deutschland- Indien erfasst sind. Sie wird gemäß Art. 23 Abs. 1 Satz 2 DBA Deutschland- Indien nur unter Berücksichtigung

---

[321] *Ossola- Haring/Ruh*, Wachstumsmarkt Indien: Das Investitionshandbuch für Unternehmen und deren Berater, 2008, 167.
[322] Der steuerliche Begriff Zinsen ist in Sec. 2 (28A) ITA definiert.
[323] *PricewaterhouseCoopers*, India Master Tax Guide, 2007, 413f.
[324] *Govind*, IStR 1995, 423, 424.
[325] *Jacobs*, Internationale Unternehmensbesteuerung, 2007, 450; *Schieber*, IStR 1997,12, 17.

der Progression in Deutschland gewährt.[326] Eine deutsche Kapitalgesellschaft unterliegt gemäß § 23 Abs. 1 KStG einem linearen Steuersatz von 15%, so dass die Gewinne freigestellt werden.[327] Der Art. 23 Abs. 1 Buchst. e Satz 1 DBA Deutschland- Indien bestimmt, dass das Betriebstättenprinzip nur bei begünstigtem Sachziel angewendet wird. Danach wird die Freistellung nur gewährt, wenn die Betriebstätte Gewinne ausschließlich oder fast ausschließlich aus aktiver Tätigkeit erzielt. Laut Art. 23 Abs. 1 Buchst. e Satz 3 DBA Deutschland-Indien übt eine Betriebstätte eine aktive Tätigkeit in Indien bei der Herstellung und dem Verkauf von Gütern oder Waren, bei technischen Beratungen und technischen Dienstleitungen und bei Bank- und Versicherungsgeschäften aus.[328] Die Bedingung ausschließlich oder fast ausschließlich wird erfüllt, wenn mindestens 90% der Bruttoerträge aus aktiven Tätigkeiten stammen.[329] Hieraus kann eine Unschädlichkeitsgrenze von 10% abgeleitet werden.[330]Kann eine Muttergesellschaft den Nachweis aktiver Tätigkeit nicht erbringen, wird nach Art. 23 Abs. 1 Buchst. e Satz 4 DBA Deutschland- Indien i. V. m. Art. 23 Abs. 1 Buchst. b DBA Deutschland-Indien die indische Steuer in Deutschland angerechnet[331].[332] Für die Gewerbesteuer kommt nur die deutsche Kürzungsvorschrift § 9 Nr. 3 GewStG zum Zuge.[333]

3.8 Exkurs: Gesellschaftsrecht

Wie in Abschnitt 3.1 bereits erwähnt, ist die Betriebstätte nach indischem Steuerrecht nicht definiert. Allerdings wird eine Zweigniederlassung in Indien nach Art. 5 Abs. 2 Buchst. b DBA Deutschland- Indien als Betrieb-

[326] *Grotherr*, in IWB 1997, Fach 6, Doppelbesteuerung - Deutsch- indische Geschäftsbeziehungen auf der Grundlage des neuen DBA, Gruppe 2, 59, 77ff.

[327] *Djanani/Brähler*, Internationales Steuerrecht, 2008, 224.

[328] *Grotherr*, in IWB 1997, Fach 6, Doppelbesteuerung - Deutsch-indische Geschäftsbeziehungen auf der Grundlage des neuen DBA, Gruppe 2, 59, 79f.

[329] *Strauß/Mohan*, in Debatin/Wassermeyer, DBA Kommentar, 1999, Anhang Indien, Rz. 32.

[330] BFH v. 30.08.1995 I R 77/ 94, BStBl II 1996, 122.

[331] *Djanani/Brähler*, Internationales Steuerrecht, 2008, 224f; *Menhorn*, DStR 2005, 1885, 1886ff.; *Schnitger*, IStR 2003, 298, 299.

[332] *Grotherr*, in: Becker/Höppner/Grotherr/Kroppen, DBA- Kommentar, 1998, Art.23 DBA Indien, Rz. 12f.

[333] *Menhorn*, DStR 2005, 1885, 1886ff.

stätte qualifiziert.[334] Dies hat zur Folge, dass die Zweigniederlassung steuerrechtlich als ausländische Gesellschaft nach Sec.195 ITA behandelt wird.[335] Aufgrund ihrer hohen Bedeutung wird sie im Folgenden nur kurz dargestellt. Die Zweigniederlassung ist in Sec. 2 (9) CA unter anderem definiert als:

jede Einrichtung, die von einem Unternehmen als Zweigniederlassung deklariert wird,

jede Einrichtung die entweder die gleichen, oder zumindest die im Wesentlichen gleichen Aktivitäten ausübt wie ihr deutsches Stammhaus.

Nach Sec. 2 (9) (c) CA i. V. m. Sec. 8 CA ist die Produktion, Verarbeitung und Herstellung von Gütern für die Zweigniederlassung ausdrücklich verboten. Erlaubt sind ihr ausschließlich Aktivitäten, die die „Reserve Bank of India" im Rahmen ihrer Verordnungen bestimmt.[336] Dazu zählt der Export und Import von Waren, das Angebot von Berufs-, Beratungs- oder IT- Dienstleistungen sowie diverse Technische Hilfestellungen.[337] Aufgrund dieser Einschränkungen durch den CA bietet die Betriebstätte nicht die optimale Gesellschaftsstruktur für ausländische Investoren.[338]

3.9 Zwischenfazit

Auch was die Betriebstätte angeht gibt es innerhalb des indischen Steuerrechts nur wenige Sondervorschriften. Dies kann unter Umständen darauf zurückzuführen sein, dass der Betriebstättenbegriff im indischen Steuerrecht nicht definiert ist.[339] Die Sondervorschriften beziehen sich insbesondere auf die durch den „Finanz Act" von 2008 festgelegten Steu-

---

[334] *Huynh-Ngoc*, Steuerplanung bei Wirtschaftsaktivitäten deutscher Unternehmen in Indien, 2000, 75.
[335] *Bhargava*, Tax Notes International 2004, 825, 826; *Kamath*, Tax Notes International April 2004 (Volume 34), 13, 14f.
[336] *Ernst&Young*, Steuern Transparent – Steuern in Indien, 2007, 10.
[337] *Rao/Nayak*, Tax Notes International 2004, 713, 714.
[338] *Ernst&Young India*, Tax and Business Guide: Doing Business in India, 2005, 99.
[339] *Rawal*, Tax Notes International 2004, 1003, 1003; *Winkler*, Indien, in Mennel/Förster, Steuern in Europa, Amerika und Asien, 2008, Rz. 202.

ersätze und die Ermittlung der verschiedenen Einkunftsarten. Diese besonderen Ermittlungsvorschriften sind konform mit dem DBA Deutschland- Indien. Auf die erneute Behandlung der Vermögensteuer, der FBT und der MAT konnte innerhalb dieses Kapitels verzichtet werden da deren Ermittlungsvorschriften in exakt gleicher Art und Weise wie bei einer Tochtergesellschaft anzuwenden sind. Die DDT kann an dieser Stelle außer Acht gelassen werden, da die Betriebstätte von dieser Steuer bei Ausschüttung ihrer Gewinne nicht betroffen ist.[340]

Auf gesellschaftsrechtlicher Ebene kommt es allerdings zu Unterschieden. So ist die Betriebstätte im Vergleich zur Tochtergesellschaft aufgrund ihres gesetzlich eingeschränkten Handlungsspielraums stets schlechter gestellt. Eine Betriebstätte ist folgerichtig eher für kurz- und mittelfristig angelegte Outboundinvestitionen geeignet. Eine Tochtergesellschaft bietet hingegen höchst mögliche Flexibilität für eine grenzüberschreitende Tätigkeit für ein deutsches Unternehmen in Indien.[341]

---

[340] *Rajaram/Baxi*, BNA International 2007, 15, 15.
[341] *Ernst&Young India*, Tax and Business Guide: Doing Business in India, 2005, 98f.

4 Steuerlicher Vergleich zwischen Tochtergesellschaft und Betriebsstätte

4.1 Gewinnermittlung

Grundsätzlich ist es von Fall zu Fall unterschiedlich, ob der ermittelte Gewinn bei der Tochtergesellschaft oder bei der Betriebsstätte höher ist. Zwar darf die Betriebstätte die Geschäfts- und allgemeinen Verwaltungskosten gemäß Art. 7 Abs. 3 Deutschland- Indien i. V. m. Sec. 44 c ITA nur beschränkt abziehen.[342] Die Gründungs- und Erweiterungsaufwendungen nach Sec. 35 D (1) ITA dürfen von ihr nicht abgesetzt werden.[343] Andererseits aber kann sie durch die Abwertung der INR bei dem Verkauf von Anteilen oder Schuldverschreibungen an indische Gesellschaften nach Sec. 48 ITA profitieren.[344] Hier wäre der zu versteuernde kurzfristige Veräußerungsgewinn bei ihr geringer als bei der Tochtergesellschaft. Und der langfristige Veräußerungsgewinn würde bei der Betriebstätte niedriger ausfallen unter der Voraussetzung, dass ihr Vorteil durch Abwertung der INR größer wiegt, als ihr Nachteil gegenüber der Tochtergesellschaft, die Anschaffungs- und Verbesserungskosten nach Sec. 48 ITA nicht indexieren zu können.[345] Zudem muss berücksichtigt werden, dass bestimmte schlüsselfertige Anlagen nach DBA Deutschland – Indien i. V. m. Sec. 44 BB ITA und Dienstleistungen die mit Öl- und Gas gemäß DBA Deutschland– Indien i. V. m. Sec. 44 BBB ITA zusammenhängen, pauschal mit 10% besteuert werden.[346] Das hat zur Folge, dass es abhängig von der Kostenstruktur der Tochtergesellschaft ist, ob sie bei vergleichbaren Tätigkeiten ihre Gewinne aus Indien höher oder niedriger besteuern müsste. So würde sie einen höheren Gewinn zu versteuern haben, wenn die Kosten weniger als 90% des Umsatzes betragen. Und sie müsste einen niedrigen Gewinn versteuern bei Kosten, die mehr als 90% des Umsatzes ausmachen. Darüber hinaus werden auch Einkünfte aus Dividenden und

---

[342] *Santhanam*, Double Taxation Avoidance Agreement, 2006, 776f.

[343] *PricewaterhouseCoopers*, India Master Tax Guide, 2007, 135.

[344] *PricewaterhouseCoopers*, India Master Tax Guide, 2007, 245.

[345] Die langfristigen Veräußerungsgewinne dürfen nicht aus Aktien und Schuldverschreibungen stammen die an einer indischen Börse gehandelt werden. Der Grund hierfür ist, dass sie nach dem „Finance Act" von 2008 nicht besteuert werden. Vgl. *Jain/Daruwala*, BNA International 2006, 16, 16ff. Hier wäre es egal, ob der ermittelte Gewinn der Tochtergesellschaft größer oder geringer ist als bei der Betriebstätte.

[346] *Jacobs*, Internationale Unternehmensbesteuerung, 2007, 16ff.

Zinsen bzw. Lizenzgebühren einer Betriebstätte laut Sec. 115A ITA auf Brutto-basis mit einem niedrigeren Steuersatz von 20% bzw. von 10% besteuert. Es ändert sich durch diesen Paragraphen grundsätzlich nichts an der Höhe des steuerpflichtigen Gewinnes.[347] Hierdurch ist es wiederum abhängig von der Kostenstruktur eine Tochtergesellschaft, ob sie bei identischen Einkünften aus sonstigen Quellen höher oder niedriger besteuert wird als eine Betriebstätte in Indien.

Somit kann man keine eindeutige Aussage darüber treffen, bei welcher Unter-nehmensform der steuerpflichtige Gewinn größer ist. Dieses ist auch nicht mög-lich, wenn man davon ausgeht das eine Betriebstätte keine Gewinne aus den oben erwähnten Tätigkeiten erzielt. Der Grund hierfür liegt darin, dass Ge-schäfts- und allgemeine Verwaltungskosten sowie Gründungs- und Erweite-rungskosten nicht notwendigerweise bei der Betriebstätte bzw. bei der Tochter-gesellschaft anfallen müssen. Unter diesen Umständen wäre der steuerpflichti-ge Gewinn bei beiden gleich hoch.

4.2 Effektive Steuersätze

In der Tabelle wird ersichtlich, dass es teilweise erhebliche Unterschiede zwi-schen Tochtergesellschaft und Betriebstätte bezüglich der effektiven Steuersät-ze gibt.

Tabelle 7: Effektive Steuersätze

Gewinn in Mio. Rs	Tochtergesellschaft		Betriebsstätte	
	bis 10	über 10	bis 10	über 10
Einkünfte aus Gewerbebetrieb	30,90%	33,99%	41,20%	42,23%
Kurzfristige Veräußerungsgewinne	30,90%	33,99%	41,20%	42,23%
Einkünfte aus sonstige Quellen	30,90%	33,99%	41,20%	42,23%
Langfristige Veräußerungsgewinne	20,60%	22,66%	20,60%	21,115%
MAT	10,30%	11,33%	10,30%	10,56%
FBT	33,99%		31,675%	
DDT	16,995%		-	

Quelle: Eigene Darstellung, Ernst&Young, The 2008 worldwide corporate tax guide.

---

[347] *PricewaterhouseCoopers*, India Master Tax Guide, 2007, 413f.

Hierfür gibt es mehrere Gründe. So werden Einkünfte aus Gewerbebetrieb, kurzfristige Veräußerungsgewinne und Einkünfte aus sonstigen Quellen bei der Betriebstätte mit 40% besteuert und Tochtergesellschaft mit lediglich 30% besteuert.[348] Diese enorme Differenz wird laut Explanation zu Sec. 90 ITA vom indischen Gesetzgeber nicht als Diskriminierung angesehen.[349] Um diese Ansicht nachvollziehen zu können muss grundsätzlich berücksichtigt werden, dass die Tochtergesellschaft gemäß Sec. 115-O ITA bei Ausschüttung von Dividenden auf ihren Nachsteuergewinn die DDT zu entrichten hat. Hingegen wird die Betriebstätte laut Sec. 10 (34) ITA von dieser Last befreit.[350] Es muss außerdem in Betracht gezogen werden, dass die Tochtergesellschaft einen höheren Zuschlag zu zahlen hat und ihr weltweites Einkommen in Indien steuerpflichtig ist. Die Betriebstätte muss lediglich ihr in Indien erzieltes Einkommen versteuern.[351]Hier liegt auch kein Verstoß gegen den Gleichbehandlungsgrundsatz nach Art. 24 Abs. 2 Satz 2 DBA Deutschland- Indien vor. In ihm ist ausdrücklich vereinbart, dass es nicht als Diskriminierung angesehen wird, wenn eine Betriebstätte höher besteuert wird als eine Tochtergesellschaft.[352]

Ein weiterer Grund für die unterschiedlichen effektiven Steuersätze zwischen beiden Gesellschaftsformen ist, dass der Zuschlagssatz bei der Tochtergesellschaft 10% und der für Betriebstätte 2,5% für alle Einkommensteuern beträgt.[353] Aus diesem Faktum lässt sich auch erklären, dass die langfristigen Veräußerungsgewinne, die MAT und die FBT bei Gewinnen über 10 Mio. INR bei der Tochtergesellschaft höhere effektive Steuersätze aufweisen als bei der Betriebstätte. Obwohl beide die gleichen normalen Steuersätze bei diesen Einkommensteuern aufweisen. Bei Gewinnen aus langfristigen Veräußerungsgewinnen, MAT und FBT bis 10 Mio. INR haben die Tochtergesellschaft und die Betriebstätte hingegen die gleichen effektiven Steuersätze. Das liegt zu einem daran, dass hier der Zuschlag nicht erhoben wird. Und zum anderem daran, dass die Ausbildungszulage für alle Einkommensteuren generell 3% beträgt.[354]

---

[348] *Reddy*, BNA International 2007, 14, 15; *Rajaram/Baxi*, BNA International 2007, 15, 15.

[349] *Schieber*, IStR 1997,12, 17; *Govind*, INTERTAX 2003, 79, 80.

[350] *Sinha*, Tax Notes International, 2004, 1407, 1409.

[351] *Govind*, IStR 2001, 140, 141.

[352] *Mitra/Sumanth*, Cahiers de droit fiscal international 2008 (Volume 93a), 325, 325.

[353] *Govind*, INTERTAX 2006, 423, 427.

[354] *Ernst&Young*, The 2008 worldwide corporate tax guide, 2008, 397ff.

Zudem werden bestimmte Einkünfte von Betriebstätten mit gesonderten Steuersätzen veranlagt. So werden Umsätze nach dem „Finance Act" von 2008 aus schlüsselfertigen Anlagen zur Energieerzeugung nach Art. 5 Abs. 2 Buchst. i DBA Deutschland– Indien i. V. m. Sec 44 BB ITA und Umsätze aus Öl- und Gasdienstleistungen nach Art. 5 Abs. 2. Buchst. f DBA Deutschland– Indien i. V. m. Sec. 44 BBB ITA effektiv mit 4,12 % bzw. mit 4,233 % besteuert. Dies ist abhängig davon ob 10 % der erzielten Umsätze kleiner oder gleich 10 Mio. INR sind bzw. ob sie über 10 Mio. INR liegen.[355]

Ein weiterer Unterschied ist es, dass es wahrscheinlicher ist das die Tochtergesellschaft unter die MAT fällt als das dies für die Betriebstätte gilt, aufgrund des geringeren effektiven Steuersatzes bei der Tochtergesellschaft. Dies wird in der Tabelle 8 ersichtlich.

Tabelle 8: Vergleich der Mininmum Alternate Tax zwischen Tochtergesellschaft und

Betriebstätte

	Tochtergesellschaft	**Betriebsstätte**
Steuerpflichtiges Einkommen nach ITA	100.000 INR	100.000 INR
Steuersatz	30,90%	41,20%
Einkommensteuer (A)	30900 INR	41.200 INR
Buchgewinne	400.000 INR	400.000 INR
10% von Buchgewinne (B)	40.000 INR	40.000 INR
MAT (wenn (A) < (B))	Ja	Nein
Steuerpflicht	35.000 INR	41.200 INR
vortragbarer Gewinn	9.100 INR	-

Quelle: Eigene Darstellung, PWC, India Master Tax Guide.

In ihr weisen die Betriebstätte und die Tochtergesellschaft den gleichen ermittelten Buchgewinn gemäß Sec. 115 JB (2) ITA von 400.000 INR auf. Auch der nach den Regeln des ITA ermittelte steuerpflichtige Gewinn in Höhe von 100.000 INR ist identisch. Trotzdem muss nur die Tochtergesellschaft die MAT zahlen, wegen des niedrigeren Steuersatzes von 31,2%. Wie hoch die effektive Steuerlast bei der MAT tatsächlich ist, ist abhängig davon, ob die vortragbare Steuerschuld von 9.100 INR nach Sec.115 JB (3) ITA in den nächsten 7 Jahren

---

[355] *Winkler*, Indien, in Mennel/Förster, Steuern in Europa, Amerika und Asien, 2008, Rz.78ff.

anrecchenbar ist.[356] Generell ist die Effektive Steuerlast davon abhängig, wie hoch die Differenz zwischen Handelsbilanzgewinn und den steuerpflichtigen Einkünften nach ITA ist. Es ist nicht möglich die effektive Steuerlast bei der MAT zu ermitteln, da sich für die eventuell in der Zukunft anfallende Steuerschuld Zins- und Liquidationseffekte ergeben.

4.3 Gesamtsteuerbelastung

Die Ermittlung der Gesamtsteuerbelastung wird auf Grundlage der Erkenntnisse in den vorherigen Kapiteln durchgeführt. Bevor die unterschiedlichen Steuerbelastungen der beiden Alternativen Tochtergesellschaft und Betriebstätte bezüglich einer deutschen Kapitalgesellschaft ermittelt werden können, müssen im Folgenden noch einige Annahmen getroffen werden:

- Die Vermögensteuer wird nicht berücksichtigt.

- Tochtergesellschaft und Betriebstätte haben nach dem ITA den gleichen Gewinn ermittelt.

- Sowohl Tochtergesellschaft als auch Betriebstätte erfüllen die Bedingungen nach Sec. 115 (1) nicht und fallen daher nicht unter die MAT.

- Die Betriebstätte erzielt keine Einkünfte aus Öl -und Gasdienstleistungen nach Sec. 44 BB ITA, keine Einkünfte aus schlüsselfertigen Anlagen nach Sec. 44 BBB ITA und erhält ebenfalls keine Dividenden, Zinsen und Lizenzgebühren nach Sec.115 A ITA.

- Betriebstättengewinne werden nach Art. 23 Abs. 1 Buchstabe a DBA Deutschland - Indien freigestellt.

- Die deutsche Gewerbesteuer wird nicht berücksichtigt.

Aufgrund des gleichen effektiven Steuersatzes für Einkünfte aus Gewerbebetrieb, für kurzfristige Veräußerungsgewinne und für Einkünfte aus sonstigen

---

[356] *PricewaterhouseCoopers*, India Master Tax Guide, 2007, 423.

Quellen, führen alle drei Einkunftsarten zur exakt gleichen Steuerbelastung.[357] Folgerichtig können sie in Tabelle 9 und Tabelle 10 gemeinsam dargestellt werden.[358] Tabelle 9 beschäftigt sich dabei mit Gewinnen über 10 Millionen INR .

Tabelle 9: Gesamtsteuerbelastung bei Gewinnen über 10 Millionen indische Rupien

	Tochtergesellschaft	**Betriebsstätte**
Gewinn in Indien	100	100
- effektive Steuersätze	33,99	42,23
= Gewinn nach Steuern bei Thesaurierung	66,01	57,77
- Rücklagenbildung (10%)	6,6	0
= ausschüttungsfähiger Gewinn	59,41	57,77
- DDT (16,995%)	10,1	0
= Gewinn vor Ausschüttung in Indien	49,31	57,77
Steuerpflicht in Deutschland	0	0
5% als nicht abzugsfähige	2,97	0
Körperschaftsteuer (15%)	0,4455	0
= Gewinn nach Steuern bei Ausschüttung	48,86	57,77
= Gesamtsteuerlast bei Ausschüttung	44,54	42,23

Quelle: Eigene Darstellung; Lavrelashvili, PIStB, 6/2007, 163.

Aus der Tabelle 9 ist ersichtlich, dass eine Tochtergesellschaft bei der Ausschüttung ihrer Gewinne sowohl in Indien als auch in Deutschland einer Besteuerung unterliegt. Hieraus ergeben sich für die Muttergesellschaft Anreize den Gewinn der Tochtergesellschaft zu thesaurieren. Werden die Gewinne nicht ausgeschüttet, so bleibt es im betreffenden Veranlagungsjahr bei einer effektiven Steuerbelastung von 33,99%. Soll hingegen eine Ausschüttung vorgenommen werden, ist zu berücksichtigen, dass 10% des Gewinns nach Sec.205 (2A) CA in eine Rücklage überführt werden müssen.[359] Die restlichen 90% unterliegen gemäß 115-O ITA der DDT. Somit können gemäß der indischen Vorschriften lediglich 49,31% des Gewinns ausgeschüttet werden. In Deutschland wird dieser Betrag nach § 8b Abs. 1 KStG von der Besteuerung freigestellt, allerdings werden nach § 8b Abs. 5 KStG 5% als Betriebsausgaben fingiert.[360] Auf diesen prozentualen Be-

---

[357] *Ernst&Young*, The 2008 woldwide corporate tax guide, 2008, 397ff.
[358] *Lavrelashvili*, PIStB 6/2007, 163, 165.
[359] *Lavrelashvili*, PIStB 6/2007, 163, 165; *Rajaram/Baxi*, BNA International 2007, 15, 15.
[360] *Kessler/Schmalz/Schmidt*, DStR 2001, 1865, 1870ff.

trag ist der deutsche Körperschaftssteuersatz von 15% anzuwenden.[361] Somit verbleibt auf Ebene der deutschen Kapitalgesellschaft ein Gewinn von 48,86, die Gesamtsteuerbelastung beträgt 44,54. Die Betriebstätte wird im Gegensatz zu einer Tochtergesellschaft ausschließlich in Indien besteuert. Für ein deutsches Stammhaus besteht kein steuerlicher Anreiz den Gewinn seiner Betriebstätte in Indien zu thesaurieren. Der Gewinn nach Steuern beträgt 57,77, die Gesamtsteuerbelastung 42,23. Besteht die Intention eines deutschen Investors darin den Gewinn in Indien zu thesaurieren, so ist die Tochtergesellschaft der Betriebstätte vorzuziehen. Soll eine Gewinnausschüttung nach Deutschland vorgenommen werden, ist die Alternative der Betriebstätte die bessere Wahl.

Tabelle 10: Gesamtsteuerbelastung bis 10 Million indische Rupien

	Tochtergesellschaft	Betriebsstätte
Gewinn in Indien	100	100
- effektive Steuersätze	30,9	41,2
= Gewinn nach Steuern bei Thesaurierung	69,1	58,8
- Rücklagenbildung (10%)	6,9	0
= ausschüttungsfähiger Gewinn	62,2	58,8
- DDT (16,995%)	10,57	0
= Gewinn vor Ausschüttung in Indien	51,62	58,8
= Steuerlast in Indien	41,47	41,2
Steuerpflicht in Deutschland	0	0
5% als nicht abzugsfähige	3,11	0
Körperschaftsteuer (15%)	0,4662	0
= Gewinn nach Steuern bei Ausschüttung	51,15	58,8
= Gesamtsteuerlast bei Ausschüttung	41,94	41,2

Quelle: Eigene Darstellung; Lavrelashvili, PIStB, 6/2007, 163.

Tabelle 10 folgt in ihrer Logik der Interpretation von Tabelle 1. Allerdings beschäftigt sie sich nur mit Einkünften bis zu 10 Millionen INR, wodurch die effektiven Steuersätze geringer ausfallen. Das hat zufolge, dass die Tochtergesellschaft im Falle der Thesaurierung noch vorteilhafter ist als bei Gewinnen von mehr als 10 Millionen INR. Bei Ausschüttung der Gewinne verringert sich ihr Nachteil gegenüber der Betriebstätte.

---

[361] *Djanani/Brähler*, Internationales Steuerrecht, 2008, 224.

Die Tabellen 11 und 12 beziehen sich auf die langfristigen Veräußerungsgewinne bis bzw. über 10 Mio. INR und deren Auswirkungen auf den Gewinn nach Steuern sowie die Gesamtsteuerbelastung.

Tabelle 11: Gesamtsteuerbelastung bei langfristigen Veräußerungsgewinnen bis 10 Million indische Rupien.

	Tochtergesellschaft	Betriebsstätte
Veräußerungsgewinn in Indien	100	100
- effektive Steuersätze	20,6	20,6
= Gewinn nach Steuern bei Thesaurierung	79,4	79,4
- Rücklagenbildung (10%)	7,94	0
= ausschüttungsfähiger Gewinn	71,46	79,4
- DDT (16,995%)	12,11	0
= Gewinn vor Ausschüttung in Indien	59,34	79,4
= Steuerlast in Indien	32,71	20,6
Steuerpflicht in Deutschland	0	0
5% als nicht abzugsfähige	3,573	0
Körperschaftssteuer (15%)	0,536	0
= Gewinn nach Steuern bei Ausschüttung	58,804	79,4
– Gesamtsteuerlast bei Ausschuttung	33,246	20,6

Quelle: Eigene Darstellung; Lavrelashvili, PIStB, 6/2007, 163.

Aus Tabelle 11 lässt sich ableiten, dass Tochtergesellschaft und Betriebstätte aufgrund des gleichen effektiven Steuersatzes im Falle der Thesaurierung exakt gleich belastet werden. Wird hingegen eine Ausschüttung vorgenommen, ist die Betriebsstätte die deutlich bessere Variante. Die einfache Begründung dafür ist, dass die von der Tochtergesellschaft ausgeschütteten Gewinne einerseits in Indien der DDT unterliegen und andererseits in Deutschland gemäß § 8b Abs. 1 KStG i.V.m. § 8b Abs.5 KStG veranlagt werden.[362]

---

[362] *Jacobs*, Internationale Unternehmensbesteuerung, 2007, 60f.

Tabelle 12: Gesamtsteuerbelastung bei langfristigen Veräußerungsgewinnen über 10 Million indische Rupien

	Tochtergesellschaft	Betriebsstätte
Veräußerungsgewinn in Indien	100	100
- effektive Steuersätze	22,66	21,155
= Gewinn nach Steuern bei Thesaurierung	77,34	78,845
- Rücklagenbildung (10%)	7,73	0
= ausschüttungsfähiger Gewinn	69,61	78,845
- DDT (16,995%)	11,83	0
= Gewinn vor Ausschüttung in Indien	57,78	78,845
Steuerpflicht in Deutschland	0	0
5% als nicht abzugsfähige	3,481	0
Körperschaftssteuer (15%)	0,522	0
= Gewinn nach Steuern bei Ausschüttung	57,26	78,885
= Gesamtsteuerlast bei Ausschüttung	35,01	21,115

Quelle: Eigene Darstellung; Lavrelashvili, PIStB, 6/2007, 163.

Liegen die langfristigen Veräußerungsgewinne über 10 Millionen Euro, wie in Tabelle 12 angenommen, so wird ersichtlich, dass sowohl bei Thesaurierung als auch bei Ausschüttung die Betriebstätte die steuerlich günstigere Alternative darstellt.

5 Fazit

Basierend auf dem britischen „Common Law" gehört das indische Steuerrecht zu einem der ältesten der Welt.[363] Aufgrund dieser langen Historie ist es sehr komplex und weist viele ungewöhnliche Vorschriften auf.[364] Mit Voranschreiten der Liberalisierung hat Indien erkannt, dass für die Sicherung eines nachhaltig hohen Wirtschaftswachstums in steigendem Maße ausländische Investoren benötigt werden.[365] Für die Attraktivität des Standorts Indien stellt das Steuersystem einen entscheidenden Wettbewerbsfaktor dar.[366]Obwohl sich die steuerlichen Anreize für Outboundinvestitionen in Indien bereits verbessert haben,[367] spielen steuerliche Aspekte bei der Entscheidung in Indien zu investieren nach wie vor eine untergeordnete Rolle. Der einfache Grund ist, dass Indien alles andere als ein Steuerparadies darstellt. Wenn sich ein Unternehmen entscheidet aufgrund des enormen Marktpotentials zu investieren, [368] so ist steuerlich gesehen zwischen den beiden Alternativen Tochtergesellschaft und Betriebsstätte abzuwägen. Die richtige Entscheidung für eine der beiden Alternativen ist dabei von mehreren Faktoren abhängig. So spielen unter anderem die Branche, die Zeitpräferenz und die Einkunftsquellen des investierenden Unternehmens eine gewichtige Rolle. Für die Beurteilung ob eine Tochtergesellschaft oder eine Betriebsstätte die bessere Variante darstellt muss von Fall zu Fall unterschieden werden.

Diese Arbeit liefert dabei die Grundlagen für eine optimale Entscheidungsfindung, darüber hinaus müssen aber einige steuerliche Gestaltungsmöglichkeiten in Betracht gezogen werden. So besteht für eine Betriebsstätte beispielsweise die Möglichkeit sich auf Antrag beim CBDT wie eine Tochtergesellschaft besteuern zu lassen.[369]

---

[363] *Winkler*, Indien, in Mennel/Förster, Steuern in Europa, Amerika und Asien, 2008, Rz. 1.
[364] *Strauß/Mohan*, in Debatin/Wassermeyer, DBA Kommentar, 1999, Anhang Indien, Rz.1; *Lavrelashvili*, PIStB 6/2007, 163, 168.
[365] *Ernst&Young India*, Tax and Business Guide: Doing Business in India, 2005, 104f., *Govind*, INTERTAX 2006, 423, 425ff.; Reddy, BNA International 2007, 14, 14.
[366] *Müller*, IStR 1993, 462, 464; *Jackson*, Tax Notes International 2008, 40, 40.
[367] *Ossola- Haring/Ruh*, Wachstumsmarkt Indien: Das Investitionshandbuch für Unternehmen und deren Berater, 2008, 161.
[368] *Lipsher*, Tax Notes International 2006, 415, 415ff.
[369] Vgl. Fußnote 21.

Literaturverzeichnis

Althaus, Moritz: Jahressteuergesetz 2007: Anwendungsbereich und Auswirkungen der Einschränkung der Freistellungsmethode, *BB* 2006, 2724-2726

Bofinger, Peter/Franz, Wolfgang/Rürup, Bert/Weder di Mauro, Beatrice/Wiegard, Wolfgang: Der Sachverständigenrat zur Begutachtung der gesamtwirtschaftlichen Lage: Jahresgutachten 2008/09, Wiesbaden November 2008

Bächle, Ekkehard/Rupp, Thomas: Internationales Steuerrecht, Finanzen und Steuern Band 14, Stuttgart 2002

Baranowski, Karl-Heinz: Besteuerung von Auslandsbeziehungen, 2. Auflage, Herne/ Berlin, 1996

Bender, Lisa J.: Tax Treaty Provisions Trump ITA, Supreme Court Says, Tax Notes International 2004, 1002

Bender, Lisa J.: Cabinet Clears Special Economic Zone Legislation, Tax Notes International 2005, 562-563

Bhargava, S.N.: PE`s Withholding Tax Obligation Under Indian Law, Tax Notes International (Letters to th Editor) 2004, 825-826

Chopra, Anil Kumar/Nayak, Rajendra: Trends in company/ shareholder taxation: single or double taxation?, *Cahiers de droit fiscal international* 2003 (Volume LXXXVIIIa), 459-485

Dave, Kuntal Jitendra/Nayak, Mayur B. Source and residence: new configuration of their principles, Cahiers de droit fiscal international 2005 (Volume 90a), 339-368

Djanani, Christiana/Brähler, Gernot: Internationales Steuerrecht, 4. Auflage, Wiesbaden 2008

Djanani, Christiana/Brähler, Gernot/Lösel, Christian: Ertragsteuern, 2. Auflage, Frankfurt am Main 2006

Dua, Atul/Sharad, Jain B., India, *Cahiers de droit fiscal international* 2004 (Volume 89b), 341-348

Ernst&Young India: Tax and Business Guide: Doing Business in India, New Delhi 2005

Ernst&Young: Steuern Transparent - Steuern in Indien, Stuttgart 2007

Ernst&Young: The 2008 worldwide corporate tax guide, New York 2008

Fischer, Lutz/Kleineidam, Hans-Jochen/Warneke, Perygrin: Internationale Betriebswirtschaftliche Steuerlehre, 5. Auflage, Berlin 2005

Görl, Maximilian in: Vogel/Lehner, DBA- Kommentar, 5. Auflage, München 2008

Grotherr, Siegfried: Besteuerung der deutsch-indischen Geschäftsbeziehungen auf der Grundlage des neuen DBA-Indien vom 19. Juni 1995, IWB, Fach 6, Doppelbesteuerung - Deutsch-indische Geschäftsbeziehnugen auf der Grundlage des neuen DBA, Gruppe 2, Essen 1997

Grotherr, Siegfried in: Becker/Höppner/Grotherr/Kroppen, DBA- Kommentar, 3. Erg. Lfg., Herne/Berlin 1998

Grotherr, Siegfried: Änderungen bei der Besteuerung von Einkünften aus ausländischen Beteiligungen durch das Steuersenkungsgesetz, IWB 2000, 1697-1708

Govind, Har: Besteuerung ausländischer Investoren in Indien, IStR 1995, 423-428

Govind, Har: Das neue deutsch-indische - die indische Perspektive, IStR 1997, 652-657

Govind, Har: Indien: Steuerliche Änderungen und Fördermaßnahmen durch den Haushalt 1998/99, IStR 1999, 103-106

Govind, Har: India- Fiscal and Tax Changes in 1998-1999, INTERTAX 1999, 423-434

Govind, Har: India: Important Changes in Indirect Taxes Through the 1999-2000 Budget, INTERTAX 1999, 376-388

Govind, Har: Steuerliche Behandlung der Veräußerungsgewinne von Steuerausländern in Indien, IStR 2001, 140-147

Govind, Har: The New Indo-Austrian Tax Treaty - An Indian Perspective, INTERTAX 2003, 79-86

Govind, Har: Important Fiscal Initiatives and Tax Changes in India, INTERTAX 2006, 423-441

Goyal, Ashok/Ostwal, T.P.: The tax consequences of restructuring of indebtedness (debt work-outs), Cahiers de droit fiscal international 2006 (Volume 91a), 297-318

Hemmelrath, Alexander in: Vogel/Lehner, DBA- Kommentar, 5. Auflage, München 2008

Huynh-Ngoc, Tung: Steuerplanung bei Wirtschaftsaktivitäten deutscher Unternehmen in Indien, 1. Auflage, Hamburg 2000

Jackson, Randall: Government to Release New Income Tax Code, Tax Notes International 2008, 40

Jackson, Randall: India- Finance Minister Presents 2008-2009 Budget, Tax Notes International 2008, 850-851

Jacobs, Otto H.: Internationale Unternehmensbesteuerung, 6. Auflage, München 2007

Jain, Rohit/Daruwala, Bomi F.: Setting Up and Operating a Company in India: Income Tax Provisions, BNA International, September 2006, 16-20

Jain, Rupesh: Conflicts in the attribution of income to a person, Cahiers de droit fiscal international 2007 (Volume 92b), 291-309

Jonas, Bernd: Die Revision des deutsch-indischen Doppelbesteuerungsabkommens, IWB, Fach6, Steuerrecht – Änderungen durch Revision des DBA, Gruppe 2, Bonn 1986

Kamath, Shrikant S.: Indian Tribunal to Examine PE's Withholding Tax Obligation, Tax Notes International 2004 (Volume 34), 13-15

Kamath, Shrikant S.: Indian Tax Authoroties to Increase Scrutiny of Outsourcing Business, Tax Notes International 2004, 799-800

Kamath, Shrikant S.: Indian Tribunal Says Foreign Firm Is Taxable at Domestic Rate, Tax Notes International 2004, 454-456

Kamath, Shrikant S.: Finance Act May Revise Treatment of PEs, Tax Notes International 2006, 760-761

Kamath, Shrikant S.: India, Tax Notes International 2006, 1056-1057

Kamath, Shrikant S.: Interest Earned by Indian PE Is Taxable in India, Tribunal Says, Tax Notes International 2006, 750-752

Kapur, Rakesh/Rawal, Radhakishan: The attribution of profits to permanent establishments, Cahiers de droit fiscal international 2006 (Volume 91b), 387-413

Kessler, Wolfgang/Schmalz, Andrea/Schmidt, Wolfgang: Die Verschärfung, Verbesserung und Verkomplizierung der Besteuerung von Beteiligungserträgen nach der geplanten Neufassung des §8b KStG, DStR 2001, 1865-1875

Kluge, Volker: Das Internationale Steuerrecht: Gemeinschaftsrecht, Außensteuerrecht, Abkommensrecht, 4. Auflage, München 2000

Kroppen, Heinz in: Becker/Höppner/Grotherr/Kroppen, DBA-Kommentar, 3. Erg. Lfg., Herne/Berlin 1998

Lavrelashvili, Nino: Grundzüge der Besteuerung von Investitionen in indische Immobilien, PIStB Juni 2007, 163-168

Lipsher, Laurence E.: India`s Do-It-Yourself Special Economic Zones, Tax Notes International 2006, 859-860
Lipsher, Laurence E.: Despite Tax Obstacles, India Is Cleared For Takeoff, Tax Notes International 2006, 415-417

Mane, Vaishali : The Royalties/ Fees for Technical Services Clause In Indian Treaties, Tax Notes International 2007, 456-458

Mane, Vaishali: Company Had Taxable PE in India, Tribunal Rules, Tax Notes International 2008, 38-39

Menhorn, Matthias: Ausländische Quellensteuer auf im Inland steuerfreie Dividenden als Betriebsausgabe nach §26 Abs. 6 KStG aziehbar, DStR 2005, 1885-1890

Misra, Tapas Ram: Practical issues in the application of double tax conventions, Cahiers de droit fiscal international 1998 (Volume LXXXIIIb), 401-409

Mitra, Rahul Krishna/Tolia, Sanjay: BPO units in India: Recent Supreme Court ruling in the case of Morgan Stanley on PE & profit attribution, Tax Planning International Review BNA July 2007 (Volume 34), 12-14

Mitra, Rahul Krishna/Sunath, Anita: non- discrimination at the crossroads of international taxation, Cahiers de droit fiscal international 2008 (Volume 93a), 319-338

Müller, Klaus-Dieter: Unternehmensbesteuerung in Indien, IStR 1993, 462-464

o.V., Beziehungen zwischen Indien und Deutschland, www.auswaertiges-amt.de/diplo/de/Laenderinformationen/Indien/Bilateral.html#t3, Stand September 2008 (abgefragt am 10.11.2008)

o.V., Die Wirtschaft Indiens, www.auswaertigesamt.de/diplo/de/Laenderinformationen/Indien/Wirtschaft.html, Stand September 2008 (abgefragt am 10.11.2008)

o.V., Euro- Indische Rupie- Kurs, www.finanzen.net/devisen/euro-indische_rupie-kurs (abgefragt am 11.11.2008)

Ossola-Haring, Claudia/Ruh, Winfried: Wachstumsmarkt Indien: Das Investitionshandbuch für Unternehmen und deren Berater, 1. Auflage München 2008

Palwe, S.S.: Indian Tax Board Revisits Tax Treatment of Outsourcing Units, Tax Notes International 2004, 697-698

Palwe, S.S.: Tax Board Clarifies Treatment of Business Outsourcing, Tax Notes International 2004, 145-146

Palwe, S.S./Kariya, Jayesh: Indian Agents, Liaison Office Do Not Constitute PEs, Tribunal Rules, Tax Notes International 2006, 224-226

Pelka, Jürgen/Rhode, Wolf G. in: Beck'sches Steuerberaterhandbuch, Die einzelnen Steuern, 12. Auflage, München 2008

Phadnis- Otto, Sunita: Ausländische Investitionen in Indien: Teil 1, IStR 2001, 61-63

Plett, Martin/ Welling, Thomas: Grundzüge des indischen Steuerrechts unter besonderer Berücksichtigung des deutsch-indischen Joint Venture, IWB, Fach 6, Joint Venture-Besteuerung, Gruppe 2, Bielefeld/Münster 1985

Plett, Martin/Welling, Thomas: Organisation der Kapitalgesellschaft nach indischem Recht, IWB, Fach 6, Organisation der Kapitalgeselschaft, Gruppe 3, Münster/Hambrg 1987

Plett, Martin/Welling, Thomas: Überblick über das indische Gesellschaftsrecht, IWB, Fach 6, Gesellschaftsrecht, Gruppe 3, Münster/Hamburg 1987

Portner, Klaus in: Becker/Höppner/Grotherr/Kroppen, DBA- Komentar, 3. Erg. Lfg., Herne/Berlin 1998

PricewaterhouseCoopers: India Master Tax Guide (Icome-Tax & Wealth-Tax), New Delhi 2007

Rajaram, Archana/Baxi,Daksha: Doing Business in India: Budget 2007-2008, BNA International March 2007, 15-18

Rao, Shreya: Nexus Matters: India's Right to Tax, Tax Notes International (Special Reports) 2008, 75-82

Rao, Srinivasa/Rajendra, Nayak: India, Tax Notes International 2004, 713-716

Rawal, Radhakishan, Defining "Permanent Esablishment" Under Indian Domestic Law, Tax Notes International 2004, 1003-1004

Reddy, Nithya: India: taxation of Foreign Institutional Investors: Important Private Ruling, BNA International February 2007, 14-18

Reith, Thomas: Internationales Steuerrecht, 1. Auflage, München 2004

Santhanam, R.: Double Taxation Avoidance Agreement (Volume 1), 7. Edition, New Delhi 2006

Scheffler, Wolfram: Besteuerung der grenzüberschreitenden Unternehmenstätigkeit, 1. Auflage, München 1995

Schieber, Paul-Herrmann: Das Deutsch-Indische Doppelbesteuerungsabkommen - Ein "Alt-Neu-Vergleich", IStR 1997, 12-18

Schmitz- Bauerdick, Frauke: Steuerrecht Indien, www.bfai.de/DE/Navigation/Metanavigation/Suche/SucheUebergreifendGT.ht ml, 07.10.2007. (abgefragt am 20.09.2008)

Schnitger, Arne: Anrechnung ausländischer Quellensteuern bei steuerfreien Einkünften unter besonderer Beachtung von §8b Abs. 5 KStG , IStR 2003, 298-303

Sheppard, Lee A.: Revenge of the Source Countries, Part 5: Throwing BRICs, Tax Notes International 2006, 1096-1101

Sinha, Himanshu S.: Indian Tax Tribunal`s Judgement on Nondiscrimination: An Endorsement of Form Over Substance, Tax Notes International 2004 (Viewpoints), 1407-1410

Strauß, Jürgen/ Mohan, Ram: Überblick über das Steuerrecht Indiens, in: Debatin/Wassermeyer, DBA- Kommentar, 5. Auflage, München 1999
Strauß, Jürgen in: Debatin/Wassermeyer, DBA- Kommentar, 5. Auflage, München 1999

Sury, M. M.: Fiscal Policy Developments in India 1947 to 2007, 1. Edition, New Delhi 2007

Viswanathan, Aparna: Taxation of Companies Outsourcing to India: Revisiting Permanent Establishments, Tax Planning International Review BNA November 2004 (Volume 46), 18-19

Viswanathan, Apama: Bid for Export-led Growth: Investors in the New Special Economic Zones, Tax Planning International Review January 2006 (Volume 33), 17-19

Wilke, Kay-Michael: Lehrbuch Internationales Steuerrecht, 8. Auflage, Herne/ Berlin 2006

Winkler, Arnold in: Mennel/Förster, Steuern in Europa, Amerika und Asien, 72. Erg. Lfg., Herne/Berlin 2008

Rechtsquellenverzeichnis

Nationales Recht

KStG 2002   Körperschaftsteuergesetz 2002, in der Fassung der Bekanntmachung v. 15.10.2002, BGBl. I 4144.

Gemeinschaftsrecht

OECD-MA 2005   OECD Musterabkommen 2005 zur Vermeidung der Doppelbesteuerung auf dem Gebiet der Steuern vom Einkommen und vom Vermögen, Rechtsakte, Stand: 15.06.2005.

DBA Deutschland-
Indien   Abkommen zwischen der Bundesrepublik Deutschland und der Rebublik Indien zur Vermeindung der Doppelbesteuerung auf dem Gebiet der Steuern vom Einkommen und vom Vermögen, Stand: 19.06.1995, BGBl. 1996 II, 707.

Indisches Recht

"Income Tax Act"
von 1961   Quelle: http://law.incometaxindia.gov.in/TaxmannDit /DisplayPage/dpage1.aspx (Stand: 28.11.2008).

"Income Tax
Rules" von 1962   Quelle: http://law.incometaxindia.gov.in/TaxmannDit /DisplayPage/dpage2.aspx?md=24&typ=cn&yr=20 05 (Stand: 28.11.2008).

"Finance Act"
von 2008   Quelle: http://law.incometaxindia.gov.in/TaxmannDit /DisplayPage/dpage2.aspx?md=12 (Stand: 28.11.2008).

"Wealth Tax Act"

von 1957   Quelle: http://law.incometaxindia.gov.in/TaxmannDit
                         /DisplayPage/dpage2.aspx?md=26 (Stand:28.11.2008).

**„Special Economic
Zones Act"**

von 2005   Quelle: http://sezindia.nic.in/HTMLS/approved-sez.htm
                         (Stand:28.11.2008).

"Company Act"

von 1956   Quelle: http://www.laws4india.com/corporatelaws
                         /comp_act/ica_idx.asp (Stand:28.11.2008).

Rechtsprechungsverzeichnis

Der Autor

Chirag Bansal, er hat indische Wurzeln, hat
sein Studium der Volkswirtschaftslehre an der
Albert-Ludwigs-Universität Freiburg im März
2009 abgeschlossen. Studienschwerpunkte:
Steuern, Immobilienökonomie und Finanz- und
Rechnungswesen.

E-Mail: chirag(at)web.de